21世纪特殊教育精品规划教材

中国民族民间手语舞蹈

庞佳 著

南京师范大学出版社

图书在版编目(CIP)数据

中国民族民间手语舞蹈 / 庞佳著. —南京：南京师范大学出版社，2016.12
（21世纪特殊教育精品规划教材）
ISBN 978-7-5651-2507-2

Ⅰ.①中… Ⅱ.①庞… Ⅲ.①手势语－民族舞蹈－中国－特殊教育－教材 ②手势语－民间舞蹈－中国－特殊教育－教材 Ⅳ.①H026.3 ②J732.2 ③G76

中国版本图书馆CIP数据核字(2016)第070312号

书　　名	中国民族民间手语舞蹈
作　　者	庞　佳
责任编辑	趴　琦
出版发行	南京师范大学出版社
地　　址	江苏省南京市宁海路122号（邮编：210097）
电　　话	(025)83598919(总编办)　83598412(营销部)　83598297(邮购部)
网　　址	http://www.njnup.com
电子信箱	nspzbb@163.com
照　　排	南京凯建图文制作有限公司
印　　刷	南京玉河印刷厂
开　　本	787毫米×1092毫米　1/16
印　　张	19.5
字　　数	379千
版　　次	2016年12月第1版　2016年12月第1次印刷
书　　号	ISBN 978-7-5651-2507-2
定　　价	45.00元
出 版 人	彭志斌

南京师大版图书若有印装问题请与销售商调换
版权所有　侵权必究

前　言

"中国民族民间手语舞蹈"是在手语和中国民族民间舞蹈相互接触、交流,进而相互吸收、渗透、融为一体的基础上产生的,是一种使用"手舞"作为言说方式的艺术形式。从概念上来说,手语为手势语的简称,在《教育大辞典》中,手势语俗称"哑语"、"手势"。手语是聋人交际的主要工具,中国民族民间舞蹈是指中国56个民族各自的民间舞蹈,两者的融合催生了一种新的残疾人艺术文化表现形式。中国民族民间手语舞蹈作为反映中国各民族生活状况及特殊人群社会生活的艺术,具有关注现实、体现民本、追求大众理想的价值取向和文化精神。近年来中国民族民间手语舞蹈受到广泛关注,学者们对其概念、价值和创新等问题进行了相关探索。虽然研究视角不同,但大家都怀着共同的希冀:中国民族民间手语舞蹈研究能够给当下的残疾人艺术和舞蹈艺术带来新的启示、新的研究方向。

中国民族民间手语舞蹈吸收了中国传统文化中的"贵和"思想,通过手语舞蹈的形式引导人们探索自身及与他人、与自然之间的情感,实现天、地、人之间的平衡与协调一致。可以称之为中国民族民间手语舞蹈的和谐创新。

中国民族民间手语舞蹈又以手语与中国民族民间舞蹈两者不同的特点、结构、文化资源作为其创作、创新的素材;以不同题材和主题的沟通表达需求作为其创作、创新的动力源;以手舞、表情、肢体语言等关键技术作为其创作、创新的主要手段,以求从内容与形式等方面对中国民族民间手语舞蹈艺术作品加以创新。众多的中国民族民间手语舞蹈艺术作品也丰富了特色舞蹈艺术文化业态。可以称之为中国民族民间手语舞蹈的融合创新。

在中国历史文化的长河中,儒、释、道等各家各放光彩;在中国广袤无垠的土地上,56个民族,相容相安,生生不息。各家学派所提倡的礼仪传统以及各民族生产生活的习俗风貌,都成为中国民族民间手语舞蹈创作的资源和素材。可以称之为中国民族民间手语舞蹈的兼容创新。

本书由五章组成,每一章又划分为基本动作、女子实例、男子实例和知识拓展四节。第一节介绍了各民族民间舞蹈的基本体态、基本手形、手位、脚位、基本动律、常用手臂动作、基本步法等,它们是中国民族民间手语舞蹈创作的基本动作素材;第二、三节对不同种类的中国民族民间手语舞蹈作品进行开发,以女子、男子作品实例的呈现方式对中国民族民间手语舞蹈的上肢、腰部、膝部及脚部舞蹈动态进行定性分析及阐释,为中国民族民间手语舞蹈创作提供了创编方法和思路上的提示与参考;第四节知识拓展是对前几节知识内容的补充、强化、巩固及延伸。

　　21世纪初期，南京特殊教育师范学院首创"中国民族民间手语舞蹈"课程，经过十余年的发展，其系统性、科学性和指导性也逐渐增强。回首流逝的岁月，我每天漫步在长江之滨，体悟六朝古都金陵城下所蕴藏的深厚文化底蕴，俯思如何使中国民族民间手语舞蹈艺术为更多人所知、所识、所用，为普及中国民族民间手语舞蹈艺术尽一己绵薄之力。本书写作历经六年，终于得以付梓。首先，要特别感谢我的父母，他们长我育我、顾我复我，慈乌反哺，心存感念；感谢家人对我无微不至的呵护以及在我秉烛夜读时的陪伴。其次，要感谢南京特殊教育师范学院领导对"中国民族民间手语舞蹈"精品课程教材建设的高度重视和大力支持，感谢学校为我提供宝贵的台湾访学机会，使本书有幸定稿于文风鼎盛的政治大学指南山麓景美溪畔的井塘楼。再次，要感谢恩师南京师范大学音乐学院舞蹈系主任江玲教授润物无声的言传身教；感谢南京师范大学出版社总编辑徐蕾教授在本书的体例架构、内容写作和审定方面无私地奉献了她的心力和智慧；感谢南京特殊教育师范学院史玉凤副教授、季筱桅副教授对本书手语翻译所做的认真、细致及严谨的审校工作；感谢与我同心合力的学生王园园、朱天亮、王杰等，感谢你们为全书提供图示范例；感谢南京师范大学出版社张春、彭茜、趴琦、熊媛媛等老师精心编校修改书稿。

　　本书参考了由中国聋人协会编写的《中国手语》（上、下册）、赵铁春等编写的《中国汉族民间舞教程》、韩萍等编写的《中国少数民族民间舞教程》、贾安林等编写的《中国民族民间舞初级教程》等文献资料，在此向上述作者表示衷心感谢。

　　本书是我在特殊教育背景下，对中国民族民间手语舞蹈研究的切身体会，敬请方家批评指正。最后，我真诚地冀望本书的出版能起到抛砖引玉的作用，吸引更多具有不同学科背景的研究者充实到手语舞蹈研究中，为发展残疾人艺术文化贡献一份力量。

2015年10月16日于阳明山

编写说明

一、手语翻译原则

手语翻译是指中国手语与汉语之间的互译。中国手语是一种将手的形状、位置、方向和动作，配合面部表情与肢体动作，按照一定的语法规则排列组合，来表达意义的符号系统，是一种靠动作/视觉进行交际的特殊语言，是我国聋人交往的重要工具。[1] 作者将《中国手语》作为本书手语翻译的主要依据，遵循手势为主、指式为辅、适当减缩、适当省略及适当修饰等原则，为实现中国56个民族的聋人之间、聋人与健听人之间的交流建构桥梁。

（一）手势为主、指式为辅原则

手势为主、指式为辅原则是指从舞蹈作品意境出发，手语翻译以手势为主、指式为辅。

本书中的手势均以文字描述并配合图片说明，请参见《中国手语》，此处不再赘述。凡是难以用手势表达意译，则会通过汉语手指字母的指式来诠释，按照汉语拼音方案拼成普通话。一般来说，汉语手指字母用右手打出，但在必要时也可用左手代替。

（二）适当减缩原则

适当缩减原则是指手语翻译时对多个字组成的汉语词汇采取一个简单的手势动作表示。

譬如：在第二章第三节《雪域踢踏》的第13—16节"雪莲花开（呀开呀开在）雪山下"乐句中，把"雪莲花"和"开"缩减为"花开"，其手语翻译如下。

雪莲花开（花开）：一手五指撮合，指尖向上（图1），然后放开五指（图2）。

图1　花开(1)

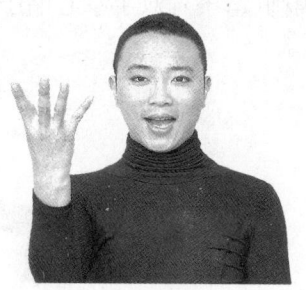
图2　花开(2)

---

[1] 张宁生.手语翻译概论[M].郑州：郑州大学出版社，2009：77.

再如:在第五章第二节《有一个美丽的地方》的第 14—18 节"好像(那)蝴蝶(呀)展开翅膀"乐句中,把"展开"和"翅膀"缩减为"飞",其手语翻译如下。

展开翅膀(飞):双臂侧斜,向上抬起,掌心向下,扇动两下(图3)。

图3　飞

(三) 适当省略原则

适当省略原则是指在不影响上下文、前后语句手语翻译的前提下,对汉语词汇中虚词、量词、叹词等采取适当省略。

譬如:适当省略汉语词汇中虚词"的、地、得、在、把、着、了"等;适当省略汉语词汇中量词"个、条、双、只、支、根、粒、颗、排、次、回"等;适当省略汉语词汇中叹词"唉呀、啊、哼、哎哟、呵、哦、喂、嗯、哎"等。

(四) 适当修饰原则

适当修饰原则是指对汉语词汇的手语翻译采取必要修饰,用一个、两个或两个以上的手势会意。

譬如:在第四章第二节《阿拉木汗》的第 5—6 节"她(的)眉毛像弯月,(她的)腰身像棉柳"乐句中,"腰身像棉柳"修饰为"苗条",其手语翻译如下。

腰身像棉柳(苗条):双手掌心贴于腰部两侧,表示腰身瘦、纤长、苗条(图4)。

图4　苗条

再如:在第一章第二节《小看戏》的第 13—16 节"姐(儿巧)打扮(哪啊),(去)把(那)戏(来)观"乐句中,"把戏观"修饰为"看表演",其手语翻译如下。

把戏观(看表演):(1)一手食指、中指分开,指尖向前,从眼部向前移动一下(图5);(2)双手伸拇指、小指,指尖相对,前后交替转动几下(图6)。

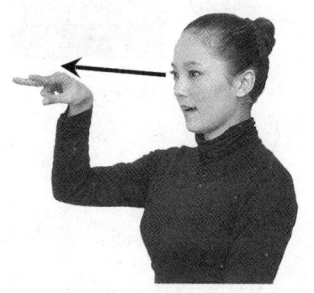
图5 看表演(1)

图6 看表演(2)

又如:在第三章第三节《游牧人》的第 1—4 节"沧桑轮回(无边的)草原"乐句中,"沧桑轮回"修饰为"历史变化",其手语翻译如下。

沧桑(历史):(1)左手拇指、食指成"厂"形,右手伸食指在"厂"形中书写"力"字,仿"历"字形(图7);(2)一手直立,掌心向内,向肩后挥动一下(图8)。

图7 历史(1)

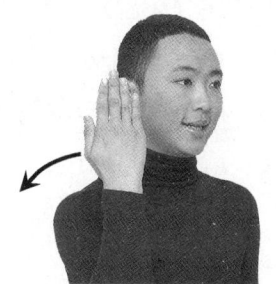
图8 历史(2)

轮回(变化):(1)一手食指、中指直立并分开,由掌心向外翻转为掌心向内(图9);(2)一手打手指字母"H"的指式,并横向移动一下(图10)。

图9 变化(1)　　　　　　　　图10 变化(2)

二、动作记录

本书手语翻译动作记录参考《中国手语》，以图文并茂形式表述。舞蹈动作记录参考《中国汉族民间舞教程》《中国少数民族民间舞教程》《中国民族民间舞初级教程》等教材的专业术语，在每章第一节中均有介绍，实践案例不再重复描述其具体做法。舞蹈动作记录按照乐句结构为单位，以节拍、文字及图片共同呈现。

需要说明的是，根据本书手语翻译原则及舞蹈意境的需要，乐句中文字用括号表示的则不做手语翻译。譬如：在第13—16节"樱桃（那个小）口（啊），玉米银牙生"乐句中，括号文字"（那个小）（啊）"省略，只翻译"樱桃口，玉米银牙生"；对"樱桃口"采用适当缩减、省略原则后的手语翻译内容用"（口）"表示，即"樱桃口（口）"；对"玉米银牙生"采用适当修饰原则后的手语翻译内容用"（牙齿）"表示，即"玉米银牙生（牙齿）"。详细记录如下：

第13—16节：樱桃（那个小）口（啊），玉米银牙生。

樱桃口（口）：一手食指沿口部转一圈（图11）。

玉米银牙生（牙齿）：口张开，一手食指指一下牙齿（图12）。

图11 口　　　　　　　　图12 牙齿

1—4 樱桃口（口）：体对1点，左起前踢步同时右起划圆动律两次，右起小交替花成单指于嘴唇前弹动两次做"口"（图13），左旁开手，眼看正中位。

5—8 玉米银牙生（牙齿）：体对 1 点，正步，压脚跟同时右起上下动律四次，右小交替花一次成单指于嘴唇前弹动三次做"牙齿"（图 14），右叉腰手，眼看左斜下位。

图 13　口　　　　　　　　　　　图 14　牙齿

三、头的基本位置

头的基本位置包括十七个：正中位（图 15），正上位（图 16），正下位（图 17），右斜中位（图 18），左斜中位（图 19），右斜上位（图 20），左斜上位（图 21），右斜下位（图 22），左斜下位（图 23），右旁中位（图 24），左旁中位（图 25），右旁上位（图 26），左旁上位（图 27），右旁下位（图 28），左旁下位（图 29），右旁倒位（图 30），左旁倒位（图 31）。

图 15　正中位　　　　图 16　正上位　　　　图 17　正下位

图 18　右斜中位　　　图 19　左斜中位　　　图 20　右斜上位

图21　左斜上位　　　　图22　右斜下位　　　　图23　左斜下位

图24　右旁中位　　　　图25　左旁中位　　　　图26　右旁上位

图27　左旁上位　　　　图28　右旁下位　　　　图29　左旁下位

图30　右旁倒位　　　　图31　左旁倒位

四、身体基本方位

身体基本方位以舞者自身为中心点,身体每向右转45度为一个方位,共分为八个方位:前方、右斜方、右旁方、右后方、后方、左后方、左旁方、左斜方,也可用八个点来表述身体方位,即1点、2点、3点、4点、5点、6点、7点、8点(图32)。

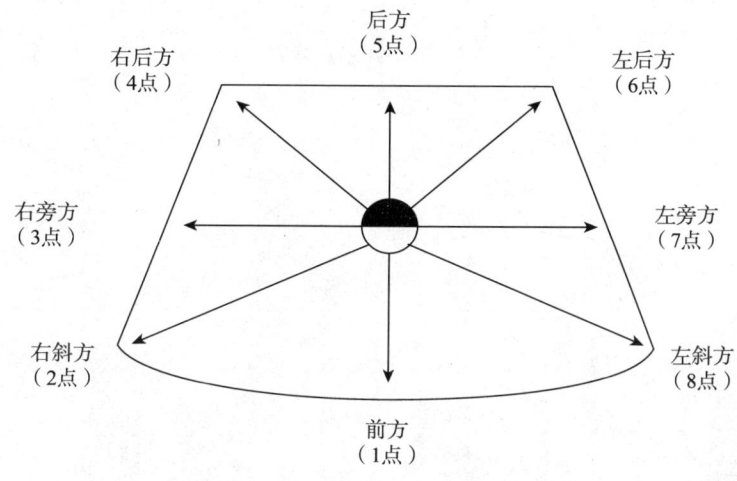

图32　身体基本方位

五、空间区域

空间区域位置包括九个:前区、中区、后区、右前区、右区、左前区、左区、右后区、左后区(图33)。

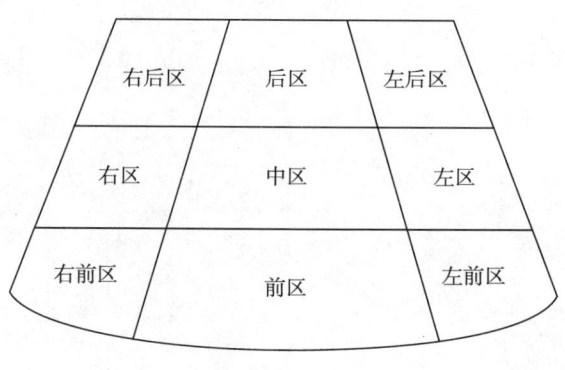

图33　空间区域

目 录

前言 /001

编写说明 /001

第一章 汉族民间手语舞蹈（以东北秧歌为例） /001
    第一节 基本动作 /001
    第二节 女子实例《小看戏》 /013
    第三节 男子实例《大中国》 /032
    第四节 知识拓展 /053

第二章 藏族民间手语舞蹈 /062
    第一节 基本动作 /062
    第二节 女子实例《家乡》 /070
    第三节 男子实例《雪域踢踏》 /081
    第四节 知识拓展 /098

第三章 蒙古族民间手语舞蹈 /107
    第一节 基本动作 /107
    第二节 女子实例《赞歌》 /117
    第三节 男子实例《游牧人》 /138
    第四节 知识拓展 /170

第四章 维吾尔族民间手语舞蹈 /183
    第一节 基本动作 /183

第二节　女子实例《阿拉木汗》/193

第三节　男子实例《掀起你的盖头来》/207

第四节　知识拓展　/220

第五章　傣族民间手语舞蹈　/228

第一节　基本动作　/228

第二节　女子实例《有一个美丽的地方》/236

第三节　男子实例《月光下的凤尾竹》/260

第四节　知识拓展　/284

参考文献　/292

附录　手语图示说明　/294

第一章　汉族民间手语舞蹈
（以东北秧歌为例）

　　汉族民间手语舞蹈是指手语和汉族民间舞蹈通过相互间的接触、交流进而相互吸收、渗透、融为一体的艺术形式。汉族民间舞蹈种类繁多，如秧歌、龙舞、傩舞、狮子舞、安徽花鼓灯等。秧歌"是汉族民间舞蹈最典型、最普遍的舞蹈形式"[1]，是学习汉族民间手语舞蹈从理论到实践不可或缺的重要途径。广义的秧歌"泛指民间'出会'、'走会'、'社火'、'闹红火'中的各种民间舞蹈，包括秧歌、高跷、竹马、旱船、十不闲以及花灯、花鼓及'采茶'等形式；狭义的秧歌则指盛行于北方的秧歌（地秧歌）和高跷秧歌"[2]。本章所指的是狭义的"秧歌"概念，即探究手语在东北秧歌舞蹈中的艺术转化。

　　"扭"中有"稳"、"浪"、"俏"三种舞蹈风格的交融是东北秧歌手语舞蹈突出的动态特征。"扭"是指在舞动中具有扭动在腰眼上的舞蹈动态特征；"稳"是指在"扭"动中具有"稳重"的舞蹈动态特征，突出身体与地面接触的稳定性；"浪"是指在大幅度的"扭"动中具有舒展、火爆、豪放的舞蹈动态特征，体现自我力量和民族自信；"俏"是指在"扭"动中具有俏皮、秀美的舞蹈动态特征，即男子动作质朴憨厚、诙谐幽默，女子动作鲜活灵动、活泼风趣。

第一节　基本动作[3][4]

　　东北秧歌舞蹈的基本体态、基本持巾动作、手位、脚位、基本动律、常用手臂动作、基本步法等构成东北秧歌手语舞蹈创作的基本动作素材。基本体态包括女子和男子体态；基本持巾动作包括握巾、捏巾、夹巾；基本手位包括叉腰手、斜下手、旁开手、小燕展翅、双推山、扶鬓手、遮羞手、风摆荷叶等；基本脚位包括正步、小八字步、踏步、丁字步等；基本动律包括压脚跟动律、上下动律、前后动律等；常用手臂动作包括里绕花、外绕花、单臂花、小交替花等；基本步法包括前踢步、后踢步、走场步、颤顿步、十字步、摆掖步等。

---

[1] 罗雄岩.中国民间舞蹈文化[M].上海：上海音乐出版社，2006：192.
[2] 罗雄岩.中国民间舞蹈文化[M].上海：上海音乐出版社，2006：192.
[3] 赵铁春，田露.中国汉族民间舞教程[M].北京：高等教育出版社，2004：41—57.
[4] 贾安林，钟宁.中国民族民间舞初级教程[M].上海：上海音乐出版社，2004：99—149.

一、基本体态

(一) 女子体态

做法:体对1点,站正步,双手提腕叉腰,收腹提臀,略收下颏,眼看正中位(图1-1)。

(二) 男子体态

做法:体对1点,站正步,双提襟手,收腹提臀,略收下颏,眼看正中位(图1-2)。

图1-1

图1-2

二、基本持巾动作、手位、脚位

(一) 持巾

1. 握巾

做法:握住手巾的三分之一处。

2. 捏巾

做法:拇指、食指、中指捏住手巾。

3. 夹巾

做法:中指翘起将手巾夹于食指、无名指之间。

(二) 手位

1. 叉腰手

女子做法:双手提腕,手背贴于腰间,肘略向前收拢(图1-1)。

男子做法:双手空心拳,拇指打开向后叉于腰间,肘略向前收拢(图1-3)。

2. 斜下手

做法:双手于体前侧斜下方45度(图1-4)。

3. 斜上手

做法:双手于体前侧斜上方45度(图1-5)。

图 1-3　　　　　　　　图 1-4　　　　　　　　图 1-5

4. 旁开手

做法：手臂于体旁平伸(图 1-6)。

5. 按手(以右为例)

做法：右手掌心向下压腕，屈臂于胸前(图 1-7)。

6. 双托手

做法：双手掌心向上托于头部正上方(图 1-8)。

图 1-6　　　　　　　　图 1-7　　　　　　　　图 1-8

7. 小燕展翅

做法：双手掌心向下于斜下手压腕(图 1-9)。

8. 顺风旗(以左为例)

做法：左单托手、右旁开手(图 1-10)。

9. 肩前手(以右为例)

做法：右手于右肩前，架肘(图 1-11)。

图 1-9

图 1-10

图 1-11

10. 指式（以左为例）

做法：右叉腰手，左手拇指与中指相捏、食指翘起（图 1-12）。

11. 双推山

做法：双手于胸前压腕，左手高、右手低，屈臂，双肘略夹（图 1-13）。

12. 扶鬓手（以左为例）

做法：左手压腕扶于左鬓，右手压腕贴于左臂（图 1-14）。

图 1-12

图 1-13

图 1-14

13. 遮羞手（以右为例）

做法：右手压腕遮于脸部左前方，左手于右肘下压腕（图 1-15）。

14. 单扶肘（以左为例）

做法：左手于胸前压腕，屈臂前伸，右手于左肘下压腕（图 1-16）。

图 1-15　　　　　　　　图 1-16

15. 托摊手（以右为例）

做法：右单托手，左手掌心向上提腕托于胸前（图 1-17）。

16. 风摆荷叶（以左为例）

做法：左掌心向上提腕于旁开手，右按手于胸前（图 1-18）。

图 1-17　　　　　　　　图 1-18

（三）脚位

1. 正步

做法：双脚自然并拢，脚尖向前（图 1-19）。

2. 小八字步

做法：在正步基础上，双脚尖自然外开（图 1-20）。

3. 踏步（以右为例）

做法：在小八字步基础上，右脚向左斜后方后撤一步，前脚掌踏地（图 1-21）。

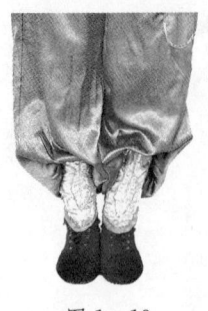
图 1-19

图 1-20

图 1-21

4. 大八字步

做法：在小八字步基础上，女子双脚打开约一脚距离（图1-22），男子双脚打开约两脚距离（图1-23）。

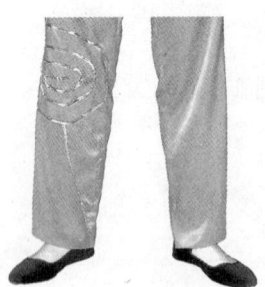
图 1-22

图 1-23

5. 丁字步（以右为例）

做法：右脚跟与左脚脚心相靠，呈丁字状（图1-24）。

6. 前点步（以右为例）

做法：在小八字步基础上，右脚向前点地（图1-25）。

图 1-24

图 1-25

7. 旁点步（以右为例）

做法：在小八字步基础上，右脚向旁点地（图 1-26）。

8. 后点步（以右为例）

做法：在小八字步基础上，右脚向后点地（图 1-27）。

图 1-26

图 1-27

三、基本动律

（一）压脚跟动律

准备：基本体态。

做法：压脚跟慢起快落，强调稳而艮，重拍向下。

（二）上下动律

准备：基本体态。

做法：以腰部为轴做下弧线左右运动，重拍向下（图 1-28、图 1-29）。

图 1-28

图 1-29

（三）前后动律

准备：基本体态。

做法：以腰部为轴做下弧线前后运动，重拍向后（图 1-30、图 1-31）。

图 1-30

图 1-31

(四) 划圆动律

准备：基本体态。

做法：以腰部为轴做横"∞"字形立圆弧线运动，重拍向下（图 1-32、图 1-33）。

图 1-32

图 1-33

四、常用手臂动作

(一) 里绕花

准备：双手握巾，垂手。

做法：以手腕为轴，食指带手腕快速向内翻转带动手巾里绕一圈；Da 拍绕巾，重拍压腕。

(二) 外绕花

准备：双手握巾，垂手。

做法：以手腕为轴，由内向外快速翻转带动手巾外绕一圈；Da 拍绕巾，重拍提腕。

（三）单臂花（以右为例）

节拍：2/4　两拍完成

准备：左叉腰手，右握巾、垂手。

1—：右手至胸前里绕花一次（图1-34）。

2—：右手至旁开手里绕花一次（图1-35）。

（四）双臂花（以左为例）

准备：双手握巾，垂手。

做法：左旁开手，右屈臂于胸前，双手同时里绕花一次，经下弧线至体旁垂巾（图1-36）。

图1-34

图1-35

图1-36

（五）小交替花

节拍：2/4　四拍完成

准备：双手握巾，垂手。

1—2：左臂经斜下手上弧线至胸前里绕花一次，右手拎巾至斜下手（图1-37）。

3—4：做第1—2拍反面动作。

（六）大交替花

节拍：2/4　四拍完成

准备：双手握巾，垂手。

1—2：左臂于头部上方里绕花一次，同时右手提至旁开手，然后左手顺右侧面颊抹下，同时右手抹下（图1-38）。

3—4：做第1—2拍反面动作。

图 1-37　　　　　　　　　　　图 1-38

(七) 双下捅花(以右为例)

做法:双手经斜下手里绕花一次至胸前右折臂、左手折臂提腕贴于后背(图1-39),双手顺身体向下延伸(图1-40)。

图 1-39　　　　　　　　　　　图 1-40

(八) 双摆巾

做法:双手捏巾经体前下弧线至斜下位自然摆动。

(九) 掸巾

准备:双手捏巾经掌心向上将手巾向外掸出。

(十) 撩巾

做法:双手捏巾经提肘、提腕快速上扬,再自然落手。

五、基本步法

(一) 前踢步(以右为例)

准备:站正步,双叉腰手。

做法:右脚蹭地快速向前踢出,右脚快速收回慢移重心落于右脚,重拍收回。

(二) 后踢步（以右为例）

准备：站正步，双叉腰手。

做法：双膝快屈，右小腿快速向后踢起，双膝快伸，右脚快速收回慢移重心落右脚，重拍向下。

(三) 后跳踢步（以右为例）

准备：站正步，双叉腰手，上身前倾。

做法：跳落左脚，双膝屈同时快速后踢右小腿（图1-41），自然绷脚，可交替进行，重拍向下。

(四) 走场步

准备：站正步，双叉腰手。

做法：双膝保持略屈，一脚迈步脚跟先着地，前行，重拍向下。

(五) 蹲裆步

做法：在大八字步基础上半蹲（图1-42）。

图1-41

图1-42

(六) 颤顿步

准备：站正步，双叉腰手。

做法：踏一步同时颤膝两次，重拍向下。

(七) 抻顿步（以右为例）

准备：站正步，双叉腰手。

做法：双膝略屈，右小腿略后提后快速蹬地，双膝伸直，重拍落脚。

(八) 碾顿步（以右为例）

准备：站正步，双叉腰手。

做法：双膝略屈，右小腿略后提后快速蹬地，双膝伸直，同时左脚后跟略前推，重拍向下。

(九) 抬提步（以左为例）

做法：右脚Da拍抬起，重拍下踩，同时左腿前抬吸90度，可左右交替进行。

（十）摆掖步（以左为例）

做法：右脚旁迈一步，左脚掖于右小腿后，身体右倾略前俯（图1-43），可左右交替进行。

（十一）前弓步（以右为例）

做法：在右丁字步的基础上，右腿前迈一大步成屈腿，左后腿伸直，呈弓形（图1-44）。

图1-43　　　　　　　　　　　图1-44

（十二）十字步

节拍：4/4　四拍完成

准备：体对1点，站小八字步，提襟手、握巾。

1—：左脚向2点前迈一步成右踏步（图1-45）。

2—：右脚向8点前迈一步成左踏步（图1-46）。

3—：左脚向6点后撤一步成右前斜点步（图1-47）。

4—：右脚后撤一步成小八字步（图1-48）。

图1-45　　　　　　　　　　　图1-46

图 1-47

图 1-48

第二节　女子实例《小看戏》

女子实例《小看戏》舞蹈音乐选自广泛流行于中国北方的俗曲,它源自清朝乾隆、道光年间的《霓裳续谱》和《白雪遗音》等俗曲集中所记载的《剪靛花调》。该实例根据歌词叙事情节的需要,表现东北农村青年女子精心装扮欢欢喜喜出门看戏时的情景。人物形象鲜活生动、栩栩如生,具有浓郁的生活气息和乡土风味。

该实例上肢舞蹈动态创作主要将视角紧紧锁定在里绕花、外绕花、小交替花、双推山、扶鬓手、遮羞手、风摆荷叶等常用手巾花舞蹈动态变化方面,充分发挥手巾花舞蹈动态与手语释义融为一体的艺术表现力,使上肢舞蹈动态既能关照"手中有花,花中有戏"的"手舞"变化关系,又能体现出东北秧歌手语舞蹈"扭中俏"的风格。譬如:在第一段第13—16节"姐(儿巧)打扮(哪啊),(去)把(那)戏(来)观"中,将"图1-49 姐(1)"、"图1-50 姐(2)"、"图1-51 抹胭脂(1)"、"图1-52 抹胭脂(2)"、"图1-53 看表演(1)"、"图1-54 看表演(2)"的手语释义艺术转化为"右手经下弧线于嘴唇前外绕花一次做'图1-55 姐(1)'至右扶鬓手里绕花一次做'图1-56 姐(2)'、经右侧脸颊前右外绕花一次成立掌绕动做'图1-57 抹胭脂(1)'、'图1-58 抹胭脂(2)'、双手经体前里绕花一次至双推山做'图1-59 看表演(1)'至胸前交叉手做'图1-60 看表演(2)'"的上肢舞蹈动态,上述"外绕花"、"里绕花"、"双推山"舞蹈动态与手语释义相协同,为"一花一情"而造势,使手舞动态表现灵活而流畅。人们很容易能解读出手花交融所传达的信息,将角色出门看戏兴高采烈的生活场景鲜活地表现出来。

腰部舞蹈动态创作主要根据舞蹈情节的需要,通过上下动律、前后动律、划圆动律等腰部灵活的扭动变化方式来表现踩高跷的体态特征,充分体现出东北秧歌手语舞蹈"扭中浪"的风格。譬如:在上述的第一段第13—16节中,"图1-55 姐(1)"、"图1-56 姐(2)"、"图1-57 抹胭脂(1)"腰部舞蹈动态均采用轻快一弹而过的上下动律,随后将"图1-58 抹胭脂(2)"划圆动律变化为"图1-59看表演(1)"上下动律、"图1-60看表演(2)"变化为划圆动律,在时而明快的上下动律和时而细腻的划圆动律转换中,不但充分展示出东北农村青年女子灵动、淳朴可人的一面,而且铸就了该作品舞蹈动态的整体骨架,给人带来赏心悦目的审美享受。

  脚部舞蹈动态创作主要以后踢步、前踢步、压脚跟动律以及走场步等步法之间的变化为主,使脚步动作衔接自然、清晰,突出脚部与腰部"扭动"曲线,不仅诠释了双脚对黑土地生命的热爱,还体现出东北秧歌手语舞蹈"扭中稳"的风格。譬如:在上述的第一段第13—16节中,"图1-55姐(1)"、"图1-56姐(2)"、"图1-57抹胭脂(1)"脚部舞蹈动态均采用后踢步,随后将"图1-58抹胭脂(2)"变化为"右踏步压脚跟动律"、"图1-59看表演(1)"变化为"右后踢步"、"图1-60看表演(3)"变化为"左踏步压脚跟动律",并有意识地将"后踢步"与"踏步压脚跟动律"在"重力"元素上进行了鲜明的对比设计,前者强调"重",后者强调"弱",动作刚柔对比的运动轨迹形成舞蹈动态的顿挫感,既丰富了脚部动作质感,又推动了上肢"手舞"意象,将原生态踩高跷的动作原型融入作品意境中,最终达到与上肢、腰部动律风格统一的审美追求。

小看戏

东北民歌

$1=D \quad \dfrac{2}{4}$

（此处为简谱歌曲《小看戏》，含四段歌词：

1. 姐儿巧打扮哪啊，去把那戏来观，模样儿长得呀赛过那天仙啊
2. 青丝如墨染哪啊，眉毛弯又弯，天生的(那个)小脸蛋怎么那么新鲜哎呀
3. 樱桃那个小口啊，玉米银牙生，唇上的(那个)胭脂一点红哎呀
4. 姐儿去看戏呀啊，走出了门外边，未曾呀(那个)上车哟喈女婿把她搀哎呀）

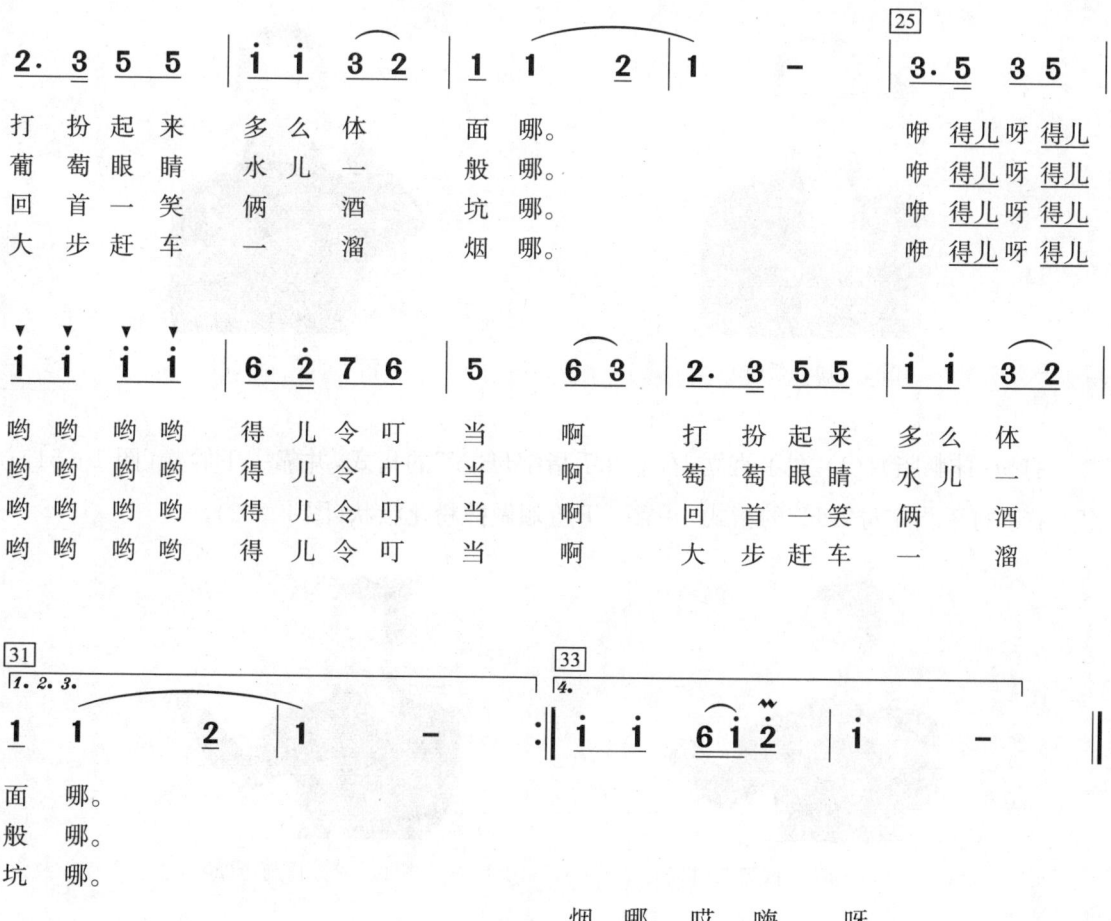

准备：左后区，体对2点，站正步，双叉腰手。

第一段

第1—4节：体对2点，右起后踢步，同时左起上下动律八次，前行，双叉腰手。

第5—7节：右起后踢步，同时左起上下动律六次，前行，双手至斜下手左起双摆巾六次。

第8节：右脚起前迈两步成正步，双推山。

第9—10节：正步，压脚跟，同时右起上下动律四次，双推山。

第11—12节：体对1点，左脚起快速旁迈两步成右踏步半蹲，压脚跟同时左上下动律，右双下捅花一次，向右快速转身成体对8点。

第13—16节：姐（儿巧）打扮（哪啊），（去）把（那）戏（来）观。

姐：一手先伸中指，指尖内侧部贴于嘴唇上（图1-49），然后拇指、食指捏耳垂（图1-50）。

图1-49 姐(1)　　　　　　　　　图1-50 姐(2)

打扮(抹胭脂)：(1) 左手直立，右手打手指字母"Y"的指式，并靠一下脸颊(图1-51)；(2) 右手打手指字母"ZH"的指式，并靠一下脸颊做抹粉化妆状(图1-52)。

图1-51 抹胭脂(1)　　　　　　　图1-52 抹胭脂(2)

把戏观(看表演)：(1) 一手食指、中指分开，指尖向前，从眼部向前移动一下(图1-53)；(2) 双手伸拇指、小指，指尖相对，前后交替转动几下(图1-54)。

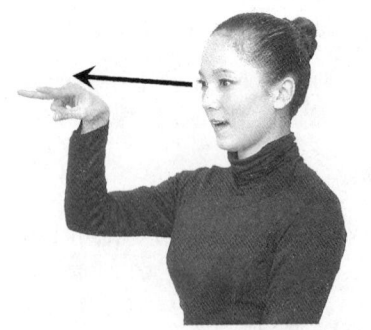 

图1-53 看表演(1)　　　　　　　图1-54 看表演(2)

1—姐：体对8点，右后踢步一次，同时左起上下动律一次，右手经下弧线于嘴唇前外绕花一次做"姐(1)"(图1-55)至右扶鬓手里绕花一次做"姐(2)"(图1-56)，眼看正中位。

图1-55 姐(1)　　　　　　图1-56 姐(2)

2—4 打扮(抹胭脂)：体对 8 点，左后踢步一次成右踏步半蹲，同时右起上下动律一次，经右侧脸颊前右外绕花一次成立掌做"抹胭脂(1)"(图 1-57)；压脚跟同时右起划圆动律两次，右侧脸颊前立掌绕动做"抹胭脂(2)"(图 1-58)，左外绕花一次成左屈臂立掌，眼看左手(模仿照镜子)。

图1-57 抹胭脂(1)　　　　　图1-58 抹胭脂(2)

5—8 把戏观(看表演)：第 5—6 拍，体对 8 点，右起后踢步，同时左起上下动律两次，双手经体前里绕花一次至双推山做"看表演(1)"(图 1-59)；第 7—8 拍，右脚前迈一步成左踏步半蹲，压脚跟，同时左起划圆动律两次，双臂至胸前交叉手做"看表演(2)"(图 1-60)，眼看正中位。

图 1-59 看表演(1)　　　　图 1-60 看表演(2)

第 17—20 节：模样(儿长得呀)，赛(过那)天仙(啊)。

模样：双手拇指、食指成"⌐ ⌐"形于脸颊两侧，然后上下交替动几下(图 1-61)。

赛(好像)：(1) 一手伸出拇指(图 1-62)；(2) 一手食指、中指直立，掌心向外，向脸颊部碰一下(图 1-63)。

图 1-61 模样　　　　图 1-62 好像(1)　　　　图 1-63 好像(2)

天仙：(1) 一手食指直立，在头前上方转动一圈(图 1-64)；(2) 双手合十于胸前(图 1-65)。

图 1-64 天仙(1)　　　　图 1-65 天仙(2)

1—4 模样：向左转身，体对1点，左脚前迈一步成右踏步半蹲，压脚跟，同时右起划圆动律四次，双手经脸颊两侧里绕花一次成"⌊ ⌋"形手右起横"∞"字形立圆四次做"模样"（图1-66），眼看左斜中位。

5— 赛（好像）：右踏步，压脚跟，同时左起前后动律两次，右手经胸前外绕花一次成赞扬拳做"好像（1）"（图1-67）、闪身、右手剑指至脸颊两侧点动做"好像（2）"（图1-68），左旁开手，眼看左斜中位。

图1-66 模样　　　　　图1-67 好像（1）　　　　图1-68 好像（2）

6—8 天仙：第6拍，右踏步，压脚跟，同时右前后动律，经左肩前手、右斜上手里绕花各一次做"天仙（1）"（图1-69），略后靠；第7拍，右脚起快速前迈两步成右踏步半蹲，压脚跟，同时右起前后动律两次，双手至胸前立掌合十来回弹动做"天仙（2）"（图1-70）；第8拍，上肢舞姿保持，右踏步半蹲向右转闪身成体对8点，左上下动律。

图1-69 天仙（1）　　　　图1-70 天仙（2）

第21—24节：打扮（起来多么）体面（哪）。

打扮（抹胭脂）：同图1-51、图1-52手语翻译。

体面(美丽):一手伸拇指、食指、中指,食指、中指并拢指尖于鼻部(图1-71),然后边向外移边收拢食指、中指,只伸出拇指(图1-72),表示美丽、好看、漂亮的意思。

图1-71 美丽(1)

图1-72 美丽(2)

1—4 打扮(抹胭脂):同图1-57、图1-58手语舞蹈动作。

5—8 体面(美丽):体对1点,左脚向左旁跺步一次同时右勾脚旁抬,左膝渐屈,左上下动律,右手立掌经鼻前拍动做"美丽(1)"(图1-73)至体前外绕花一次成赞扬拳做"美丽(2)"(图1-74),左手经下弧线至单托手,落右脚后成走场步顺势向左转一周,眼看右斜中位。

图1-73 美丽(1)

图1-74 美丽(2)

第25—28节:(咿得儿呀得儿哟哟哟哟,得儿令叮当啊)。

1—8:向右转身,右起后踢步同时左起上下动律八次,后弧线,双手至斜下手左起双摆巾八次。

第29—32节:打扮(起来多么)体面(哪)。

打扮(抹胭脂):同图1-51、图1-52手语翻译。

体面(美丽):同图1-71、图1-72手语翻译。

1—8 打扮体面(抹胭脂美丽):体对8点,同第一段第21—24节手语舞蹈动作。

第二段

第1—4节：向右转身，右起后踢步，同时左起上下动律八次，后弧线，双手至斜下手左起双摆巾八次。

第5—6节：向右转身，体对1点，右起抻顿十字步一次，左起小交替花两次至大交替花两次。

第7—8节：同第二段第5—6节舞蹈动作。

第9—10节：体对1点，右起后踢步，同时左起上下动律四次，前行，双手至斜下手左起双摆巾四次。

第11—12节：体对2点，双腿跪坐，小燕展翅。

第13—16节：青丝如墨染（哪啊），眉毛弯（又）弯。

青丝如墨染（头发黑）：(1) 一手拇指、食指捏揪一下头发（图1-75）；(2) 一手打手指字母"H"的指式，并在头发上摸一下（图1-76）。

眉毛弯弯：一手食指在眉毛处划一下（图1-77）。

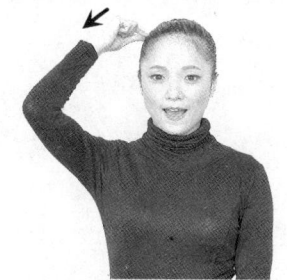  

图1-75 头发黑(1)　　　图1-76 头发黑(2)　　　图1-77 眉毛弯弯

1—4 青丝如墨染（头发黑）：体对2点，双腿跪坐，右起划圆动律两次，右扶鬓手里绕花一次做"头发黑"（图1-78），眼看正中位。

5—8 眉毛弯弯：第5—7拍，右手经下弧线至右遮羞手做"眉毛弯弯"（图1-79），同时右起上下动律三次，眼看右斜下位；第8拍，向7点跪转，起身成体对8点。

图1-78 头发黑　　　　图1-79 眉毛弯弯

第17—20节：(天生的那个小)脸(蛋)(怎么那么)新鲜(哎呀)。

脸：一手五指并拢轻贴一下面颊部(图1-80)。

新鲜(美丽)：同图1-71、图1-72手语翻译。

1—4脸：第1拍，体对8点，左脚起快速前迈两步成左踏步半蹲，压脚跟同时左起前后动律两次，双手经脸颊两侧里绕花一次成单指做"脸"(图1-81)；第2拍，舞姿保持；第3—4拍，左踏步半蹲，压脚跟同时左起前后动律两次，双手单指于脸颊两侧弹动两次。

图1-80 脸

5—8 新鲜(美丽)：向左转闪身，体对2点，左脚前迈一步成正步半蹲至走场步向右转一周，压脚跟同时左起前后动律两次，右手立掌于鼻前拍动做"美丽(1)"(图1-82)至斜上手外绕花一次成赞扬拳做"美丽(2)"(图1-83)。

图1-81 脸

图1-82 美丽(1)

图1-83 美丽(2)

第21—24节：(葡萄)眼睛水(儿)一般(哪)。

眼睛：一手食指指眼部(图1-84)。

水一般(水一样)：(1)一手横伸，掌心向下，向一侧做波纹状移动(图1-85)；(2)一手食指、中指分开，左右平行移动两下(图1-86)。

图1-84 眼睛

图1-85 水一样(1)

图1-86 水一样(2)

1—2 眼睛：第1拍，体对1点，闪身，右脚快速前迈两步成右踏步半蹲，压脚跟同时右起前后动律两次，双手单指经下弧线至眼部两侧弹动两次做"眼睛"(图1-87)，眼看左斜中位；第2拍，舞姿静止。

3—8 水一般(水一样)：体对1点，右脚前迈一步成左踏步，压脚跟同时右起划圆动律四次(一慢两快一慢)，左风摆荷叶做"水一样(1)"(图1-88)、"水一样(2)"(图1-89)，眼看正中位。

图1-87 眼睛

图1-88 水一样(1)

图1-89 水一样(2)

第25—28节：(咿得儿呀得儿哟哟哟哟，得儿令叮当啊)。

1—6：向左转身，体对5点，左起后踢步同时右起上下动律六次，前行，双手至斜下手右起双摆巾六次。

7—8：体对5点，左脚起快速旁迈两步成右踏步半蹲，压脚跟同时左上下动律，右双下捅花一次，向右快速转闪身成体对1点。

第29—32节：(葡萄)眼睛水(儿)一般(哪)。

眼睛：同图1-84手语翻译。

水一般(水一样)：同图1-85、图1-86手语翻译。

1—8 眼睛水一般(眼睛水一样)：同第二段第21—24节手语舞蹈动作。

第三段

第1—4节：向左转身，左起后踢步同时右起上下动律八次，后弧线，双叉腰手。

第5—7节：左起后踢步同时右起上下动律六次，后弧线，双手至斜下手右起双摆巾六次。

第8节：体对2点，左脚起前迈两步成正步，小燕展翅。

第9—10节：正步，压脚跟同时右起上下动律四次，小燕展翅。

第11—12节：体对1点，左脚起快速旁迈两步成右踏步半蹲，压脚跟同时左上下动律，右双下捅花一次,向右快速转闪身一周。

第13—16节:樱桃(那个小)口(啊),玉米银牙生。

樱桃口(口):一手食指沿口部转一圈(图1-90)。

玉米银牙生(牙齿):口张开,一手食指指一下牙齿(图1-91)。

图1-90 口

图1-91 牙齿

1—4 樱桃口(口):体对1点,左起前踢步同时右起划圆动律两次,右起小交替花成单指于嘴唇前弹动两次做"口"(图1-92),左旁开手,眼看正中位。

5—8 玉米银牙生(牙齿):体对1点,正步,压脚跟同时右起上下动律四次,右小交替花一次成单指于嘴唇前弹动三次做"牙齿"(图1-93),右叉腰手,眼看斜下位。

图1-92 口

图1-93 牙齿

第17—20节:唇(上的那个胭脂)(一点)红(哎呀)。

唇红(嘴唇红):(1)一手伸食指,指尖在嘴唇上点动几下(图1-94);(2)一手打手指字母"H"的指式,并摸摸嘴唇(图1-95)。

图1-94 嘴唇红(1)

图1-95 嘴唇红(2)

1—8 嘴唇红:第1—4拍,向左转身,体对8点,右起前踢步同时右起上下动律四次,左起小交替花成单指于嘴唇前弹动三次做"嘴唇红(1)"(图1-96);第5—8拍,左脚前迈一步成右踏步,渐蹲,同时右起划圆动律四次,右外绕花一次成剑指弹动三次做"嘴唇红(2)"(图1-97),左外绕花一次成左屈臂立掌,眼看左手(模仿照镜子)。

图1-96 嘴唇红(1)

图1-97 嘴唇红(2)

第21—24节:回首(一)笑俩酒坑(哪)。

回首笑:(1)头略向后转一下(图1-98);(2)一手拇指、食指略弯于颌部,脸露笑容(图1-99)。

俩酒坑(俩酒窝):脸露笑容,双手伸食指抵在脸颊上(图1-100)。

图1-98 回首笑(1)

图1-99 回首笑（2）

图1-100 俩酒窝

1—2 回首笑：起身，右脚起快速前迈两步成右踏步半蹲，压脚跟同时左上下动律，向右快速转，闪身一周，面含微笑，右双下捅花一次成甩手做"回首笑"（图1-101）。

3—8 俩酒坑（酒窝）：体对1点，右脚前迈一步成左踏步半蹲，压脚跟同时右起前后动律五次（一慢四块），双手于脸颊两侧里绕花一次成单指弹动四次做"俩酒窝"（图1-102），眼看正中位。

图1-101 回首笑

图1-102 俩酒窝

第25—28节：（咿得儿呀得儿哟哟哟哟，得儿令叮当啊）。

1—8：向左转身一周，左起后踢步同时右起上下动律八次，双手至斜下手右起双摆巾八次。

第29—32节：回首（一）笑俩酒坑（哪）。

回首笑：同图1-98、图1-99手语翻译。

俩酒坑（俩酒窝）：同图1-100手语翻译。

1—8 回首笑俩酒坑（回首笑俩酒窝）：同第三段第21—24节手语舞蹈动作。

第四段

第1—4节：向左转身，左起后踢步同时右起上下动律八次，后弧线，双叉腰手。

第 5—7 节：左起后踢步同时右起上下动律六次，后弧线，双手至斜下手右起双摆巾六次。

第 8 节：体对 2 点，左脚起前迈两步成正步，双推山。

第 9—10 节：正步，压脚跟同时左起上下动律四次，双推山。

第 11—12 节：体对 1 点，右脚起快速旁迈两步成左踏步半蹲，压脚跟同时右上下动律，左双下捅花一次，向左快速转身成体对 2 点。

第 13—16 节：姐（儿去）看戏（呀啊），走（出了）门外（边）。

姐：同图 1-49、图 1-50 手语翻译。

看戏（看表演）：同图 1-53、图 1-54 手语翻译。

走：一手食指、中指分开，指尖向下，交替向前移动（图 1-103）。

门外：(1) 双手五指并拢，掌心向外，并排直立，模拟两扇关着的门的形状（图 1-104）；(2) 左手横立，右手伸食指，指尖向下，在左手背外向下指，表示外面（图 1-105）。

图 1-103　走　　　　　图 1-104　门外(1)　　　　　图 1-105　门外(2)

1— 姐：体对 2 点，右后踢步一次，同时左起上下动律一次，右手经下弧线于嘴唇前外绕花一次做"姐(1)"（图 1-106）至右扶鬓手里绕花一次做"姐(2)"（图 1-107），眼看正中位。

图 1-106　姐(1)　　　　　图 1-107　姐(2)

2—4 看戏(看表演):第2拍,体对2点,左后踢步一次,同时右起上下动律一次,双手经胸前里绕花一次至双推山做"看表演(1)"(图1-108);第3—4拍,右脚前迈一步成左踏步半蹲,压脚跟同时左起划圆动律两次,双臂至胸前交叉手做"看表演(2)"(图1-109),眼看正中位。

图1-108 看表演(1)　　　　图1-109 看表演(2)

5— 走:体对2点,走场步,快速前行,左前后动律,双手于体侧左提腕、右压腕做"走"(图1-110),眼看正中位。

6—8 门外:第6拍,体对2点,正步,压脚跟同时右前后动律,双手掌形经体前提压腕一次做"门外(1)"(图1-111);第7—8拍,走场步,快速前行,同时左前后动律,右手单指提腕于左切掌外侧向下点动做"门外(2)"(图1-112),眼看正中位。

图1-110 走　　　　图1-111 门外(1)　　　　图1-112 门外(2)

第17—20节:未曾(呀那个)上车(哟嗨),女婿把她搂(哎呀)。

未曾(没有):一手拇指、食指、中指指尖向上,互捻一下(图1-113),然后手伸开(图1-114)。

上车:左手握拳如牵马状,右手伸食指如扬鞭状(图1-115)。

图1-113 没有(1)

图1-114 没有(2)

图1-115 上车

女婿:(1) 右手拇指、食指捏一下耳垂(图1-116);(2) 一手打手指字母"X"的指式(图1-117)。

图1-116 女婿(1)

图1-117 女婿(2)

把她搀(搀她):(1) 一手握拳屈肘,做挽着他人胳膊的动作(图1-118);(2) 一手食指指向侧方第三者(图1-119)。

图1-118 搀她(1)

图1-119 搀她(2)

1—2 未曾(没有):体对2点,右脚后撤一步成左前点步,同时右前后动律,右手至体前外绕花一次做"没有"(图1-120),同时左肩前手里绕花一次,眼看右手。

3—4 上车：向右转身，体对 6 点，正步踮脚，同时左前后动律，快速后退，左手空心拳屈臂于体前、右扬鞭手做"上车"（图 1-121），眼看正中位。

图 1-120　没有

图 1-121　上车

5— 女婿：向右转身，体对 2 点，右脚起前迈两步成正步，同时左起上下动律两次，经右扶鬓手里绕花一次做"女婿（1）"（图 1-122）至右单扶肘做"女婿（2）"（图 1-123），眼看正中位。

图 1-122　女婿（1）

图 1-123　女婿（2）

6—8 把她搀（搀她）：第 6 拍，体对 2 点，正步，压脚跟同时右前后动律，双手经体前里绕花一次成指式至双推山做"搀她（1）"（图 1-124）；第 7—8 拍，正步，压脚跟同时右起上下动律两次，双提襟手做"搀她（2）"（图 1-125），眼看正中位。

图 1-124　搡她(1)　　　　　图 1-125　搡她(2)

第 21—24 节：大步赶车一溜烟(哪)。

大步：双手平伸，掌心向下，在胸前交替向前移动(图 1-126)。

赶车：同图 1-115 手语翻译。

一溜烟(飞快)：右手拇指、食指相捏成小圆圈，从右向左快速划动，如流星一般，象征速度快(图 1-127)。

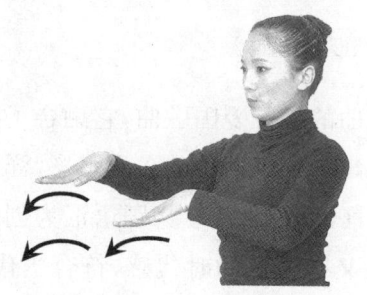 

图 1-126　大步　　　　　　图 1-127　飞快

1— 大步：体对 2 点，左脚起快速前迈两大步，同时左起前后动律两次，左起抽鞭手两次做"大步"(图 1-128)，前俯。

2— 赶车：体对 2 点，左脚前迈一步成正步踮脚，同时左前后动律，左手空心拳屈臂于体前、右扬鞭手做"赶车"(图 1-129)，眼看正中位。

3—8 一溜烟(飞快)：第 3—4 拍，体对 2 点，右腿后屈踢腿一次，同时右前后动律，右手经右顺风旗向左弧线做"飞快"(图 1-130)；第 5—6 拍，右起走场步同时左起划圆动律四次，双手于体前左起横"∞"字形立圆四次；第 7 拍，右脚前迈一步成踮脚同时左划圆动律，双手于体前左横"∞"字形立圆；第 8 拍，左起走场步同时右起划圆动律两次，双手于体前右起横"∞"字形立圆两次。

图 1-128　大步　　　　　　图 1-129　赶车　　　　　　图 1-130　飞快

第 25—28 节：(咿得儿呀得儿哟哟哟哟，得儿令叮当啊)。

1—8：向右转身，左起后踢步同时右起上下动律八次，后弧线，双手至斜下手右起双摆巾八次。

第 29—30 节、第 33—34 节：大步赶车一溜烟(哪哎嗨呀)。

1—8：向右转身，体对 2 点，同第四段第 21—24 节手语舞蹈动作。

第三节　男子实例《大中国》

男子实例《大中国》舞蹈音乐选自高枫作词、作曲的一首爱国歌曲，它融合了《东方红》、《红绸舞》以及东北民歌等许多地方的民歌曲调，唱出了祖国河山的多姿多彩，洋溢着激情，听后令人荡气回肠。该实例以歌词内容为创作背景，以东北秧歌舞蹈语汇为创作基点，表现出中华儿女共有的自尊与自豪，既有民族风味，又有强烈的时代感，符合当代人的审美需求。

该实例上肢舞蹈动态创作汲取了里绕花、外绕花、大小交替花、单臂花、双臂花等手巾花基本动作素材，手巾花精髓在上肢舞蹈动态中得以体现，融入手语释义后，花手相伴，相得益彰。譬如：在第 7—8 节"我们(都)有(一个)家，(名字)叫中国"中，将"图 1-136 中国"手语释义艺术转化为"右小交替花一次成单指至左肩前做'图 1-144 中国(1)'至右手横移至右肩前外绕花一次成单指做'图 1-145 中国(2)'，顺势下划于右胯旁做'图 1-146 中国(3)'"的上肢舞蹈动态，通过"小交替花"和"外绕花"之间加快动作频率和细微部位变化翻飞的"手舞"体现出爱国激情满溢于心，同时又以"手指顺势下划"延展的动态伴随着热爱祖国情感的延伸，表达了对祖国述说不尽的深情。再如：在第 9—10 节"兄弟姐妹(都很)多，景色(也)不错"中，将"图 1-147 家人多(1)"、"图1-148 家人多(2)"、"图 1-149 家人多(3)"、"图 1-150 景色好(1)"、"图 1-151 景色好(2)"的手语释义艺术转化为"双手经下弧线至胸前按手成'∧'形手做'图1-152家人多(1)'至'人'字形手做'图1-153家人多(2)',经左起双臂花两次路径同时双手掌形扩指抖动做'图1-154家人多(3)'和'图1-155家人多(4)',左大交替花一次做'图1-156景色好(1)'经上弧线左起外绕花成赞扬拳三次做'图1-157景色好(2)'"的上肢舞蹈动态,无论是干脆利落的"∧"、"人"字形手,还是灵活自如的双臂花路径、连续闪动的扩指抖动,还是热情洋溢的大交替花、个性张扬的赞扬拳,都折射出历史悠久的中国传统文化和当代人的审美情趣。以手巾花基本动作为创作素材,可以探索东北秧歌"手舞"之美的深层意蕴。

腰部舞蹈动态创作主要通过上下动律和前后动律变化规律及舞蹈情节的需要,强调或上下、或前后,弹中带俏,与舞蹈意境保持同步,使腰部动态间的变化富有一定逻辑性,符合东北秧歌手语舞蹈基调明快、情绪热烈的特点。譬如:在上述的第7—8节中,"图1-137我们(1)"、"图1-138我们(2)"、"图1-139有家(1)"、"图1-140有家(2)"、"图1-141有家(3)"腰部舞蹈动态均为前后动律,随后将"图1-142是(1)"、"图1-143是(2)"变化为上下动律,而后将"图1-144中国(1)"变化为前后动律,紧接着将"图1-145中国(2)"、"图1-146中国(3)"巧妙地变化为上下动律,结合舞曲快慢转换使腰部动态轻快地一掠而过,在更快速、更轻巧、更流畅的动律变化中体现男性舞蹈动律之美,以飒爽英姿的体态彰显出民族性格的浩然正气,营造出"我是中国人,我自豪"的舞蹈语境。

脚部舞蹈动态创作主要以后踢十字步、大八字步站、压脚跟动律以及踮脚跑等步法之间的变化为主。譬如:在上述的第7—10节中,将"图1-137我们(1)"、"图1-138我们(2)"、"图1-139有家(1)"、"图1-140有家(2)"的"后踢十字步"舞蹈动态变化为"图1-142是(1)"、"图1-143是(2)"、"图1-144中国(1)"、"图1-145中国(2)"、"图1-146中国(3)"的"蹲裆步压脚跟动律",将"图1-153家人多(2)"、"图1-154家人多(3)"、"图1-155家人多(4)"的"后踢十字步"舞蹈动态变化为"图1-156景色好(1)"和"图1-157景色好(2)"的"大八字步压脚跟动律",通过脚步动态的叠加衔接来表现男性动作的矫健而粗犷、雄壮而沉稳的特质,凸显出一种刚毅、豁达、坚韧的民族精神,这种精神通过双脚与黑土地有力的连接而产生,并凝聚成一股震撼人心的张力,呈现出当代人的爱国情感,使作品功能和现实意义得到升华。

大中国

1=F 4/4

高枫 词曲

(5 56 2 - | 1 16 2 - | 55 6165 | 1 16 2 - ‖: 5 25 5 -|

5 25 5 - :‖ 5.6 56 1.6 1 | 3.5 61 5 - | 5.6 56 1.6 1 |
　　　　　　　我们都有一个家　名字叫中国，　　兄弟姐妹 都很多

5. 6 1 3 2 - | 2.3 23 53 5.3 | 25 32 1. 6 |
景色也不错，　　家里盘着两条龙是长江与黄河　呀，
　　　　　　　看那一条长城万里在云中穿梭　呀，

5. 6 12 35 6 1 | 65 321 - ‖: 55 3 2123 55 06 |
还 有珠穆朗玛峰儿 是最高山坡。　　我们的大 中 国呀，
看 那青藏高原比那 天空还辽阔。

i 2 3 2 i 6 5 - | i i 0 65 i i 0 65 | 55 6 3 3 2 2 - :‖
好大的一个家，　　经过 那个多少 那个 风吹 和雨打。
　　　　　　　　　永远 那个永远 那个

5. 5 65 32 | i - - i2 | 3 - - 2i | 2 - - 32 |
我 要伴随她。　中 国，　祝福你，　你永

i. i i 65 | 5 - - i2 | 3 - - 2i | 2 - - 32 |
远 在我心里，　中 国，　祝福你，　不用

i. i 6 5 | i - - - | i - X ‖
千 言和万语。　　　　　　　　嘿！

准备:左前区,体对8点,站大八字步,双提襟手,眼看正中位。

第一段

第1—4节:舞姿保持。

第5—6节:走场步,向右转身,后弧线,双提襟手。

反复第5—6节舞蹈动作。

第7—8节:我们(都)有(一个)家,(名字)叫中国。

我们:(1)一手食指指自己(图1-131);(2)一手横伸,掌心向下与地面平行,在胸前顺时针平行转半圈(图1-132)。

图1-131 我们(1)

图1-132 我们(2)

有:一手伸拇指、食指,掌心向上,然后食指弯动两下(图1-133)。

家:双手搭成"∧"形(图1-134)。

图1-133 有

图1-134 家

叫(是):一手食指、中指相叠,由上而下挥动一下(图1-135)。

中国:一手伸食指,自咽喉部向下顺肩胸部至右腰部划下,手势以民族服装旗袍的前襟线位置表示中国(图1-136)。

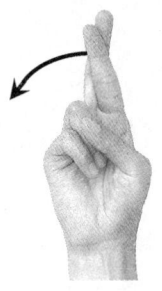

图 1-135 是

图 1-136 中国

1—4 我们有家：中区，体对 1 点，左起后踢十字步一次，同时左起前后动律四次，双手经下弧线至胸前端手做"我们(1)"（图 1-137），经下分手至旁开手做"我们(2)"（图 1-138），经上分手成左顺风旗外绕花一次做"有家(1)"（图 1-139），双手经下弧线至胸前按手成"∧"形做"有家(2)"（图 1-140）至顶手做"有家(3)"（图 1-141）。

图 1-137 我们(1)

图 1-138 我们(2)

图 1-139 有家(1)

图 1-140 有家(2)

图 1-141 有家(3)

5—8 叫中国(是中国)：第5—6拍，左脚旁迈一步成蹲裆步，压脚跟同时左上下动律、右单臂花一次做"是(1)"(图1-142)，至压脚跟同时右上下动律、右单臂花一次做"是(2)"(图1-143)，6Da拍，蹲裆步压脚跟同时右前后动律、右小交替花一次成单指至左肩前做"中国(1)"(图1-144)，左叉腰手；第7—8拍，蹲裆步压脚跟同时左起上下动律一次，右手横移至右肩前外绕花一次成单指做"中国(2)"(图1-145)顺势下划于右胯旁做"中国(3)"(图1-146)。

图1-142 是(1)

图1-143 是(2)

图1-144 中国(1)

图1-145 中国(2)

图1-146 中国(3)

第9—10节：兄弟姐妹(都很)多，景色(也)不错。

兄弟姐妹多(家人多)：(1) 双手搭成"∧"形(图1-147)；(2) 双手食指搭成"人"字形(图1-148)；(3) 一手侧立，五指分开，向外略抖动几下(图1-149)。

 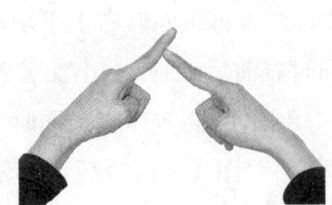 

图1-147　家人多(1)　　　图1-148　家人多(2)　　　图1-149　家人多(3)

景色不错(景色好)：(1) 一手五指分开，掌心向内，在面前转动一下(图1-150)；(2) 一手伸出拇指(图1-151)。

图1-150　景色好(1)　　　　　　图1-151　景色好(2)

1—4 兄弟姐妹多(家人多)：体对1点，左起后踢十字步一次，同时左起前后动律四次，双手经下弧线至胸前按手成"∧"形手做"家人多(1)"(图1-152)至"人"字形手做"家人多(2)"(图1-153)，经左起双臂花两次路径，同时双手掌形扩指抖动做"家人多(3)"(图1-154)、"家人多(4)"(图1-155)。

图1-152　家人多(1)　　　　　图1-153　家人多(2)

图 1-154 家人多(3)　　　　　图 1-155 家人多(4)

5—8 景色不错(景色好):第 5 拍,左脚向 5 点后撤一步成大八字步,压脚跟同时右前后动律,左大交替花一次做"景色好(1)"(图 1-156);第 6—8 拍,大八字步,右脚起后撤三步,压脚跟同时右起前后动律三次,经上弧线左起外绕花成赞扬拳三次做"景色好(2)"(图 1-157)。

图 1-156 景色好(1)　　　　　图 1-157 景色好(2)

第 11—12 节:家(里)盘着(两条龙是)长江(与)黄河(呀)。

家:同图 1-134 手语翻译。

盘着(飞):双臂侧斜,向上抬起,掌心向下,扇动两下(图 1-158)。

长江:(1)双手食指直立,指面相对,从中间向两侧拉开(图 1-159);(2)双手侧立,掌心相对,相距约 30 厘米,向身体前方做曲线形移动(图 1-160)。

图1-158 飞

图1-159 长江(1)

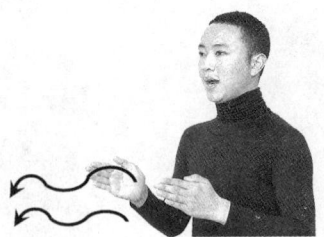
图1-160 长江(2)

黄河：(1)一手打手指字母"H"的指式，摸一下脸颊(图1-161)；(2)双手侧立，掌心相对，间距约20厘米，向前做曲线形移动(图1-162)。

图1-161 黄河(1)

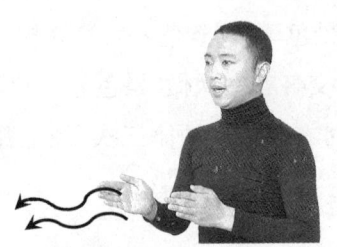
图1-162 黄河(2)

1— 家：体对1点，左脚前迈一步成并步踮脚，同时左前后动律，双手经下弧线至胸前按手成"∧"形做"家"(图1-163)，眼看左斜下位。

2—4 盘着(飞)：左旁吸腿跳一次至踮脚跑，向左转身顺势后弧线，同时右前后动律，双手掌形经下分手至斜上手提腕做"飞"(图1-164)，眼看右斜下位。

图1-163 家

图1-164 飞

5—8 长江黄河：第5拍，体对2点，左脚前迈一步成右踏步半蹲，压脚跟同时左起前后动律一次,双手单指经体前推至旁开手做"长江(1)"(图1-165)至体前掌心相对柔腕向前延伸做"长江(2)"(图1-166);第6拍,向右快速转身,体对1点,左脚旁迈一步成蹲裆步,压脚跟同时左上下动律,右手至右侧脸颊前里绕花一次成剑指弹动做"黄河(1)"(图1-167),左旁开手;第7—8拍,向左转身,体对8点,右脚前迈一步成左踏步半蹲,压脚跟同时左前后动律,双手至体前掌心相对柔腕向前延伸做"黄河(2)"(图1-168)。

图1-165 长江(1)

图1-166 长江(2)

图1-167 黄河(1)

图1-168 黄河(2)

第13—14节:(还有)珠穆朗玛峰(儿是最)高山坡。

珠穆朗玛峰高山坡(山峰高):(1)一手拇指、食指、小指直立,手背向外,仿"山"字形(图1-169);(2)右手斜伸,掌心向左,由下而上再由上而下,如山峰形状(图1-170);(3)一手横伸,掌心向下,向上举过头(图1-171)。

图1-169 山峰高(1)

图1-170 山峰高(2)

图1-171 山峰高(3)

1—8 珠穆朗玛峰高山坡(山峰高)：第1—2拍，左起后踢十字步后两步，同时左起前后动律两次，经上分手成右起顺风旗外绕花两次做"山峰高(1)"(图1-172)；第3—6拍，左起后踢十字步一次，同时左起前后动律四次，双手掌形经右起大交替花两次路径做"山峰高(2)"(图1-173)、"山峰高(3)"(图1-174)，经下分手至斜上提腕手做"山峰高(4)"(图1-175)至上分手成左顺风旗外绕花做"山峰高(5)"(图1-176)；第7—8拍，同图1-173、图1-174手语舞蹈动作。

图1-172 山峰高(1)

图1-173 山峰高(2)

图1-174 山峰高(3)

图1-175 山峰高(4)

图1-176 山峰高(5)

第二段

第 7—10 节：我们（都）有（一个）家，（名字）叫中国，兄弟姐妹（都很）多，景色（也）不错。

1—16：同第一段第 7—10 节手语舞蹈动作。

第 11—12 节：看（那一条）长城（万里在云中）穿梭（呀）。

看：一手食指、中指分开，指尖向前，从眼部向前移动一下（图 1-177）。

图 1-177 看

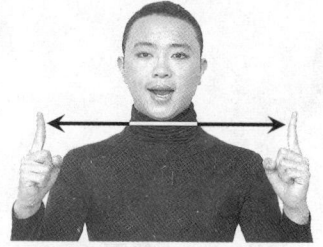
图 1-178 长城（1）

图 1-179 长城（2）

长城：(1) 双手食指直立，指面相对，从中间向两侧拉开（图 1-178）；(2) 双手食指直立，指面相对，边弯动边由中间向两侧"ⵑⵑⵑ"移动（图 1-179）。

穿梭（飞）：同图 1-158 手语翻译。

1—4 看长城：第 1—2 拍，体对 1 点，左脚旁迈一步成蹲裆步，压脚跟同时左起前后动律，右起大交替花两次做"看长城（1）"（图 1-180），左叉腰手；第 3—4 拍，蹲裆步，同时压脚跟左起前后动律两次，双手单指相对经胸前弹动向两侧延伸做"看长城（2）"（图 1-181）。

5—8 穿梭（飞）：第 5—6 拍，右脚后撤一步成左前点步，同时左前后动律，双手至斜上提腕手做"飞"（图 1-182）；第 7—8 拍，体对 1 点，踮脚跑，上身舞姿保持。

图 1-180 看长城（1）

图 1-181 看长城（2）

图 1-182 飞

第 13—14 节：看（那）青藏高原比（那）天空（还）辽阔。

看：同图 1-177 手语翻译。

青藏高原(高原):(1) 右手横伸;掌心向下,高举过头顶(图1-183);(2) 一手食指向下划一大圆形(图1-184)。

图1-183 高原(1)

图1-184 高原(2)

比:双手伸拇指,在胸前上下交替动几下,表示两者之间做高低比较(图1-185)。
天空:一手食指直立,在头前上方转动一圈(图1-186)。
辽阔(大):双手侧立,掌心相对,由中间向两侧移动(图1-187)。

图1-185 比

图1-186 天空

图1-187 大

1— 看:同图1-180手语舞蹈动作。
2—3 青藏高原(高原):右脚前迈一步成左踏步至左脚前迈一步成左前弓步,同时左起前后动律两次,双手掌形经上分手至左顺风旗提腕做"高原(1)"(图1-188)至体前分手至斜前手做"高原(2)"(图1-189)。

图1-188 高原(1)

图1-189 高原(2)

4—比：体对 1 点，蹲裆步，压脚跟同时左前后动律，右斜上手外绕花同时左斜下手里绕花各一次成赞扬拳做"比"（图 1-190），眼看左斜上位。

5—天空：向左转身，体对 6 点，踮脚，同时右前后动律，左肩前手，右上穿手做"天空"（图 1-191），眼看右斜上位。

6—8 辽阔(大)：右起抬提步同时左起上下动律五次（一慢四快），向左转身一周，双手掌形经上分手至斜上托手做"大"（图 1-192），眼看正上位。

图 1-190　比

图 1-191　天空

图 1-192　大

第 15—16 节：(我们的大)中国(呀)，好大(的一个)家。

中国：同图 1-136 手语翻译。

好大：(1) 一手伸出拇指（图 1-193）；(2) 双手侧立，掌心相对，同时向两侧移动，幅度偏大（图 1-194）。

家：同图 1-134 手语翻译。

图 1-193　好大(1)

图 1-194　好大(2)

1—4 中国：第 1 拍，体对 8 点，左脚前迈一步成右后点步，同时右起前后动律、右小交替花一次成单指至左肩前做"中国(1)"（图 1-195），左斜下托手至斜上手；第 2 拍，右脚起快速前迈两步成右后点步起势，同时右前后动律，右手横移至右肩前外绕花一次成单指做"中国(2)"(图1-196),左提襟手;第3—4拍,右后点步,同时左前后动律,右手单指顺势下划于右胯旁做"中国(3)"(图1-197),左手至斜上托手。

图1-195 中国(1)

图1-196 中国(2)

图1-197 中国(3)

5—8 好大家:第5—6拍,体对1点,右起抬提步同时左起上下动律两次,前行,双手经上分手赞扬拳做"好大家(1)"(图1-198)至斜上托手做"好大家(2)"(图1-199);第7—8拍,右起抬提步同时左起上下动律三次,前行,双手至正上位"∧"形顶手做"好大家(3)"(图1-200),眼看正上位。

图1-198 好大家(1)

图1-199 好大家(2)

图1-200 好大家(3)

第17—18节:经过(那个)多少(那个)风(吹和)雨(打)。

经过:左手食指指尖向前,右手横立于左手食指根部,再向前移动(图1-201)。

多少:一手直立,掌心向内,五指分开,手指略抖动几下(图1-202)。

图 1-201 经过

图 1-202 多少

风雨:(1) 一手直立,五指略屈,左右来回扇动几下(图 1-203);(2) 一手五指略屈分开,指尖向下,上下快速动几下,表示雨点落下(图 1-204)。

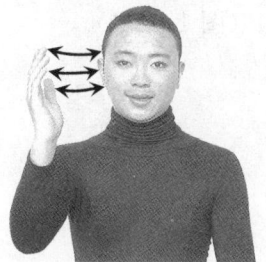
图 1-203 风雨(1)

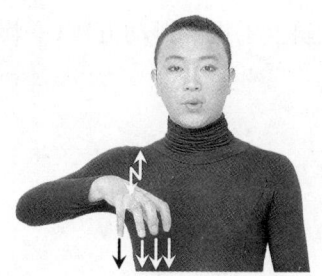
图 1-204 风雨(2)

1—4 经过多少:第 1—2 拍,体对 1 点,右起摆掖步同时左起上下动律两次,前行,右手至左端手上方弹巾状两次做"经过(1)"(图 1-205)、"经过(2)"(图 1-206);第 3—4 拍,右起摆掖步同时左起上下动律两次,经左起双臂花两次路径同时双手掌形扩指抖动做"多少(1)"(图 1-207)、"多少(2)"(图 1-208)。

图 1-205 经过(1)

图 1-206 经过(2)

图 1-207　多少(1)　　　　　图 1-208　多少(2)

5—8 风雨：第 5 拍，左起抬提步同时右起上下动律一次，向左转身后弧线，双手经上捅花一次做"风雨(1)"(图 1-209)；第 6—8 拍，右起抬提步同时左起上下动律五次(一慢四快)，双手至斜上手提腕抖动五次(一慢四快)做"风雨(2)"(图 1-210)。

图 1-209　风雨(1)　　　　　图 1-210　风雨(2)

第 15—16 节：(我们的大)中国(呀)，好大(的一个)家。

中国：同图 1-136 手语翻译。

好大：同图 1-193、图 1-194 手语翻译。

家：同图 1-134 手语翻译。

1—4 中国：同图 1-195、图 1-196、图 1-197 手语舞蹈动作。

5—8 好大家：体对 8 点，同图 1-198、图 1-199、图 1-200 手语舞蹈动作。

第 17 节、第 19—29 节：永远(那个永远那个)我(要)伴随她，中国祝福你，(你)永远在我心里，中国祝福你，(不用千言和万语嘿)。

永远：(1) 一手打手指字母"Y"的指式(图 1-211)；(2) 一手拇指按于食指根部，食指指尖向前并移动，表示远(图 1-212)。

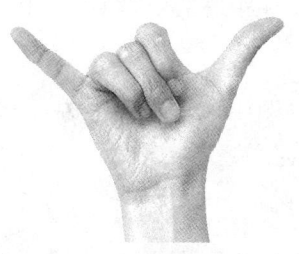
图 1-211　永远(1)

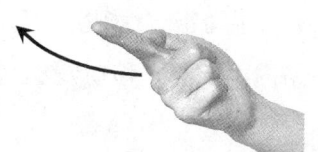
图 1-212　永远(2)

我：一手食指指自己(图 1-213)。

伴随(陪)：双手食指直立，一左一右，同时向前移动，如一个人陪着另一个人(图 1-214)。

她(中国)：同图 1-136 手语翻译。

图 1-213　我

图 1-214　陪

中国：同图 1-136 手语翻译。

祝福(祝愿)：(1) 双手抱拳，前后略动几下(图 1-215)；(2) 一手拇指、食指略屈，指尖抵于下颌，头略点动一下，面露微笑(图 1-216)。

你(中国)：同图 1-136 手语翻译。

图 1-215　祝愿(1)

图 1-216　祝愿(2)

永远：同图 1-211、图 1-212 手语翻译。

在：左手横伸；右手伸出拇指、小指，由上而下移至左手掌心上(图1-217)。

我：同图1-213手语翻译。

心里：(1) 双手拇指、食指搭成"♡"形，贴于胸部(图1-218)；(2) 左手横立，右手食指直立，在左手掌内由上向下移动，表示里面(图1-219)。

图1-217 在　　　　　图1-218 心里(1)　　　　　图1-219 心里(2)

中国：同图1-136手语翻译。

祝福(祝愿)：同图1-215、图1-216手语翻译。

你(中国)：同图1-136手语翻译。

1—4 永远：第1—2拍，体对2点，右脚前迈一步成左后点步，同时左起前后动律两次，右手掌心向下经胸前推手至右斜上位做"永远(1)"(图1-220)至胸前掌心向上推手至右斜上位做"永远(2)"(图1-221)；第3—4拍，左脚起快速前迈两步成左后点步，同时左起前后动律两次，上身舞姿同第1—2拍。

图1-220 永远(1)　　　　　图1-221 永远(2)

5—6 我：体对2点，右脚起快速前迈两步成大八字步站，同时左起前后动律一次，双扶胸手做"我"(图1-222)。

7—8 伴随(陪)：向左转身，体对 8 点，踮脚跑，同时左前后动律，双手至体前里绕花一次成单指向前延伸做"陪"(图 1-223)。

图 1-222　我　　　　　　　　图 1-223　陪

9—11 她(中国)：同图 1-195、图 1-196、图 1-197 手语舞蹈动作。

12—15 中国：第 12 拍，体对 1 点，左脚起快速前迈两步成大八字步站，同时右起前后动律一次，右小交替花一次成单指至左肩前做"中国(1)"(图 1-224)；第 13—15 拍，左脚起快速前迈两步成大八字步站，同时右起前后动律一次，右手单指横移至右肩前外绕花一次成单指做"中国(2)"(图 1-225)顺势下划于右胯旁做"中国(3)"(图 1-226)，左提襟手，眼经正中位至左斜上位。

图 1-224　中国(1)　　　图 1-225　中国(2)　　　图 1-226　中国(3)

16—19 祝福你(祝愿中国)：体对 1 点，踮脚跑成双腿跪地，双手经胸前抱拳向上延伸至头部正上位做"祝愿中国"(图 1-227)。

20—22 永远：体对 1 点，右膝向前蹭地移动一次，同时左起前后动律一次，右手掌心向下经胸前推手做"永远(1)"(图 1-228)至胸前掌心向上推手至右斜上位做"永远(2)"(图 1-

229),左提襟手。

图1-227 祝愿中国

图1-228 永远(1)

图1-229 永远(2)

22Da—23 在我:左膝向前蹭地移动一次,同时右起前后动律一次,双手经胸前端手做"在我(1)"(图1-230)至双扶胸手做"在我(2)"(图1-231)。

24—27 心里:右膝向前蹭地移动一次,同时左起前后动律,双手成"♡"形经体前移至左胸前做"心里"(图1-232)。

图1-230 在我(1)

图1-231 在我(2)

图1-232 心里

28—31 中国:向3点跪转身一周成体对1点,起身,同图1-224、图1-225、图1-226手语舞蹈动作。

32—35 祝福你(祝愿中国):体对1点,踮脚跑成正步,双手经胸前抱拳向上延伸至头部正上位做"祝愿中国"(图1-233)。

36—47:前区,右脚旁迈一步成大八字步,双手掌心向上经上分手旁落至胯旁,经低头含身至挺胸仰头。

48— 嘿:体对1点,蹲裆步一次,同时左前后动律,双手扶

图1-233 祝愿中国

膝,眼看1点。

第四节　知识拓展

手语知识拓展是中国民族民间手语舞蹈学习和创作的一项重要内容。谈到创作,想把手语审美观察得到的具象融合在舞蹈表现上实属不易,必须通过专业的手语知识学习才能达到。中国民族民间手语舞蹈研究要求理论与实践相结合,要求研究者具有较强的动手动脑能力,要始终围绕研究者自主学习能力的提高而进行。鉴于此,本节针对汉族民间手语舞蹈创作进行手语知识拓展,通过《大姑娘美大姑娘浪》手语内容的创作教学,展现广阔的艺术创作空间。歌曲流行于东北二人转,由马金平作词、杨柏森作曲,表现了多情胆大的东北青年女子与情郎在农村高粱地里的约会情景,早到的情郎却与她玩起了捉迷藏,她在忐忑不安中扭身发现情郎傻乎乎地在背后看着她,让她又好气又好笑,恐怕要扭着情郎的耳朵嗔怒一番才算解气。

大姑娘美大姑娘浪

马金平　词
杨柏森　曲

$1=C \quad \dfrac{2}{4}$

(3 5 6 1 — | 2 2 3 7 6 | 5 — | 0 5 3 5 | 6 4 3 2 |

5 1 2 1 —) | 0 1 6 5 | 3. 5 6 1 | 6 5 3 2 | 3 1 1 |

1.大　姑娘　美 的那个　大　　姑娘　　浪,
2.大　姑娘　美 的那个　大　　姑娘　　浪,
3.大　姑娘　美 的那个　大　　姑娘　　浪,

0 1 6 5 | 3. 5 6 1 | 6 5 3 2 | 3 1 1 | 0 6 1 2 | 3 3 5 |

大　姑娘　走 进　　青　纱　　帐,　　这边的　苞米　它
大　姑娘　走 进　　青　纱　　帐,　　这边的　高粱　它
大　姑娘　走 进　　青　纱　　帐,　　天南　　地北　我

7 6 | 6. 5 3 | 0 1 6 3 | 2 2 | 2 2 | 0 2 2 2 |

已　结　穗(儿),　　微风　轻　吹
正　拔　节,　　咔咔　直　响
都　找　遍,　　为啥　不　见

第一章 汉族民间手语舞蹈

$\dot{2}\dot{2}\dot{2}\dot{2}$ | $\underline{1.\ 2}\ \underline{3\ \dot{5}}$ | $0\ \underline{3}\ \underline{5\ 7\ 6}$ | $\underline{5\ 3\ 5\ 6}\ \dot{1}$ | $0\ \underline{6\ \dot{1}}\ \underline{3\ 2}$ | $1\ -$ |

起　　　　热　　　浪
把　　　　歌(儿)　唱
我　　　　的　　　郎

$1\ -$ | $(0\ \dot{1}\ \underline{6\ 5}$ | $\underline{3\ 5\ 3\ 5}\ \underline{6\ \dot{1}}$ | $0\ \dot{1}\ \underline{6\ 5}$ | $\underline{3\ 5\ 3\ 5}\ \underline{6\ \dot{1}}$ | $0\ \dot{1}\ \underline{6\ 5}$ |

$\underline{3\ 5\ 3\ 5}\ \underline{6\ \dot{2}}$ | $0\ \underline{2}\ \underline{7\ 6}$ | $\underline{\dot{1}\ 5}\ \underline{5)}$ ‖: $\underline{3\ 5}\ \underline{5\ 6}$ | $\dot{1}\ 6$ | $\underline{\dot{2}\ \dot{2}}\ \underline{3\ 7\ 6}$ |

　　　　　　　　　　我　东　瞅　瞅　　西　望
　　　　　　　　　　我　东　瞅　瞅　　西　望
　　　　　　　　　　我　东　瞅　瞅　　西　望
　　　　　　　　　　我　东　瞅　瞅　　西　望

$5\ -$ | $\underline{5.\ 6}\ \underline{\dot{1}\ \dot{1}}$ | $\underline{3\ 3}\ \underline{2\ 3}$ | $5.\ 6$ | $5\ -$ | $\dot{3}\ \underline{\dot{2}\ 6}$ |

望　　咋就不见　哥　我的　郎，　　　郎　呀
望　　咋就不见　哥　我的　郎，　　　郎　呀
望　　忽见情哥(他)　正　把我　望，　　　郎　呀
望　　忽见情哥(他)　正　把我　望，　　　郎

$\dot{1}\ \underline{\dot{1}\ \dot{2}}$ | $3\ 5$ | $\dot{1}\ 7$ | $6\ -$ | $\underline{6.\ 5}\ \underline{6\ \dot{1}}$ | $\dot{3}\ 5\ \underline{\dot{2}\ 6}$ |

郎　你在　哪个　旮旯(儿)　藏，　　找得我是　好　心
郎　你在　哪个　旮旯(儿)　藏，　　找得我是　好　心
郎　你　瞅你(那)　傻　样，　　真真把我　气　够
郎　你　瞅你(那)　傻　样，　　真真把我

渐慢

$\dot{1}\ -$ | $\dot{1}\ -$:‖ $\dot{3}\ 5\ \underline{\dot{2}\ 6}$ | $\dot{1}\ -$ | $\dot{1}\ -$ ‖

忙。
慌。
呛。　　　　　　　　　　气　够　呛。

D.S.

第一段

第9—12节:(大)姑娘美(的那个大)姑娘浪。

姑娘:右手拇指、食指捏耳垂(图1-234)。

美(美丽):一手伸拇指、食指、中指,食指、中指并拢指尖于鼻部(图1-235),然后边向外移边收拢食指、中指,只伸出拇指,表示美丽、好看、漂亮的意思(图1-236)。

图1-234　姑娘　　　图1-235　美丽(1)　　　图1-236　美丽(2)

姑娘:同图1-234手语翻译。

浪(活泼):一手食指直立,边转动手腕边向上移动(图1-237)。

图1-237　活泼　　　　　图1-238　走进

第13—16节:(大)姑娘走进青纱帐。

姑娘:同图1-234手语翻译。

走进:一手食指、中指分开,指尖向下,交替向前移动(图1-238)。

青纱帐(高粱地):(1) 一手横伸,掌心向下,高举过头(图1-239);(2) 双手直立,五指略屈,掌心相合,如高粱穗形状(图1-240);(3) 一手伸食指向下指一下(图1-241)。

图1-239　高粱地(1)

图1-240 高粱地(2)

图1-241 高粱地(3)

第17—20节:(这边的)苞米(它已)结穗(儿)。

苞米(高粱):同图1-239、图1-240手语翻译。

结穗(成熟):(1) 左手横伸,右手拍一下左手掌(图1-242),然后伸出拇指(图1-243);(2) 一手伸拇指、食指,食指指尖向上(图1-244),然后食指缩回,拇指指尖向上(图1-245)。

图1-242 成熟(1)

图1-243 成熟(2)

图1-244 成熟(3)

图1-245 成熟(4)

第21—38节:微风(轻)吹(起热浪)。

微风吹:一手直立,五指略屈,左右来回扇动几下(图1-246)。

第39—47节：我东瞅瞅西望望，（咋就）不见（哥）我（的）郎。

我：一手食指指自己（图1-247）。

东瞅瞅西望望（寻找）：一手食指、中指分开，指尖向前，在面前由一侧向另一侧转动，目光随之移动（图1-248）。

图1-246 微风吹

图1-247 我

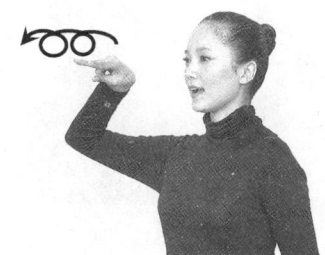
图1-248 寻找

不见（没有看见）：(1) 一手拇指、食指、中指指尖向上（图1-249），互捻一下，然后手伸开（图1-250）；(2) 一手食指、中指分开，指尖向前，从眼部向前移动一下（图1-251）。

图1-249 没有看见(1)

图1-250 没有看见(2)

图1-251 没有看见(3)

我：同图1-247手语翻译。

郎（男朋友）：(1) 一手直立，在头的一侧前后移动几下（图1-252）；(2) 双手伸拇指，虎口向上，互碰几下（图1-253）。

图1-252 男朋友(1)

图1-253 男朋友(2)

第48—51节：(郎呀郎)你(在)哪个(旮旯儿藏)。

你：一手食指指向对方(图1-254)。

哪个(哪儿)：一手伸食指，指尖向前下方随意指点几下(图1-255)。

图1-254　你　　　　　　　图1-255　哪儿　　　　　　　图1-256　累

第52—55节：(找得)我(是好)心忙。

我：同图1-247手语翻译。

心忙(累)：一手握拳敲打另一侧臂部，脸露倦容，表示劳累之意(图1-256)。

第二段(从⊗记号处反复至第55节)

第9—12节：(大)姑娘美(的那个大)姑娘浪。

同第一段第9—12节手语翻译。

第13—16节：(大)姑娘走进青纱帐。

同第一段第13—16节手语翻译。

第17—20节：(这边的)高粱(它正)拔节。

高粱：同图1-239、图1-240手语翻译。

拔节(高)：同图1-239手语翻译。

第21—38节：(咔咔直响把)歌(儿)唱。

歌唱：一手食指指尖抵于喉部，口略张开，头向两侧略摆，模仿唱歌状(图1-257)。

第39—47节：我东瞅瞅西望望，(咋就)不见(哥)我(的)郎。

同第一段第39—47节手语翻译。

第48—51节：(郎呀郎)你(在)哪个(旮旯儿藏)。

同第一段第48—51节手语翻译。

第52—55节：(找得)我(是好)心慌。

我：同图1-247手语翻译。

心慌：双手拇指、食指搭成"♡"形，置于胸部并上下颤动几下(图1-258)。

图1-257 唱歌

图1-258 心慌

第三段（从 ⸸ 记号处反复至第55节）

第9—12节：（大）姑娘美（的那个大）姑娘浪。

同第一段第9—12节手语翻译。

第13—16节：（大）姑娘走进青纱帐。

同第一段第13—16节手语翻译。

第17—20节：天南地北（我都找遍）。

天南地北（东西南北）：(1) 掌心向前，指尖向右（图1-259）；(2) 右手横立，指尖向左（图1-260）；(3) 右手五指并拢，掌心向左，指尖向下，置于腹前（图1-261）；(4) 右手直立，掌心向左，置于胸前正中位（图1-262）。（根据地图上北、下南、左西、右东的习惯制定）

图1-259 东

图1-260 西

图1-261 南

图1-262 北

第21—38节：为啥不见我（的）郎。

为啥（为什么）：(1) 右手伸拇指、食指，食指指尖向前，腕部向右转动一下（图1-263）；(2) 双手平伸，掌心向下（图1-264），然后翻转为掌心向上（图1-265）。

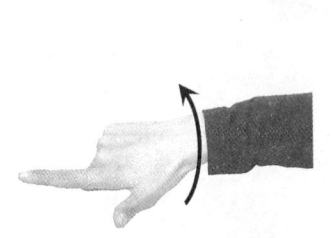  

图1-263　为什么(1)　　　图1-264　为什么(2)　　　图1-265　为什么(3)

不见（没有看见）：同图1-249、图1-250、图1-251手语翻译。

我：同图1-247手语翻译。

郎（男朋友）：同图1-252、图1-253手语翻译。

第39—47节：我东瞅瞅西望望，忽见（情哥）他正把我望。

我：同图1-247手语翻译。

东瞅瞅西望望（寻找）：同图1-248手语翻译。

忽见（惊讶）：双手伸拇指、食指相捏，置眼角处（图1-266），然后突然张开，同时眼睁大，面露吃惊神态（图1-267）。

他：一手食指指向侧方第三者（图1-268）。

图1-266　惊讶(1)　　　图1-267　惊讶(2)　　　图1-268　他

正把我望（看我）：同图1-251、图1-247手语翻译。

第48—51节：（郎呀郎你瞅）你（那）傻样。

你：同图1-254手语翻译。

傻样(滑稽样):(1)一手五指撮合置于鼻尖处,并略微转动两下,象征滑稽演员的红鼻头(图1-269);(2)双手拇指、食指成"⌐ ⌐"形于脸颊两侧,然后上下交替动几下(图1-270)。

图1-269 滑稽样(1)

图1-270 滑稽样(2)

第52—55节:(真真)把我气够呛。

把我气够呛(气我):(1)一手五指撮合,指尖向上置于胸部(图1-271),然后用力向上张开五指,面露生气样(图1-272);(2)一手掌心贴于胸前(图1-273)。

图1-271 气我(1)

图1-272 气我(2)

图1-273 气我(3)

第四段

第39—47节:我东瞅瞅西望望,忽见(情哥)他正把我望。

同第三段第39—47节手语翻译。

第48—51节:(郎呀郎你瞅)你(那)傻样。

同第三段第48—51节手语翻译。

第52节、第56—58节:(真真)把我气够呛。

同第三段第52—55节手语翻译。

第二章 藏族民间手语舞蹈

藏族民间手语舞蹈是指手语和藏族民间舞蹈通过相互间的接触、交流进而相互吸收、渗透、融为一体的艺术形式。藏族民间舞蹈主要源于农牧文化和宗教文化的杂糅,且种类繁多,如谐(弦子)、锅庄、果谐、堆谐(踢踏舞)、囊玛、果日谐等。其中谐是藏语对歌舞的泛称,汉语称弦子,其舞姿婀娜多姿,柔美动人,是藏族历史上最为普遍和繁盛的舞蹈形式;堆谐俗称踢踏舞,在拉萨地区最为流行。[1] 本章主要探究手语在藏族弦子和踢踏舞蹈中的艺术转化。

藏族弦子手语舞蹈是在坐懈胯体态基础之上,以手袖舞动、膝部屈伸以及舞步变化的柔韧而圆润为特征,创作中要控制膝部动律带动身体形成连绵不断的起伏,同时把握或撩袖、或摆袖、或盖袖、或画圆等手袖动作的延伸,无论上肢手舞动态如何发展,均要强调其与膝部、脚部动态形成"无屈不成动,欲动必先屈"的舞蹈动态规律。藏族踢踏手语舞蹈是以退踏步、抬踏步、嘀嗒步、悠踏步等灵活多变的脚部动作为创作基础,以松弛的颤膝动律带动脚掌随音乐节奏在地面上做有规律的踏、踢、跃和跺等动作,强调弱拍时脚掌抬起,膝盖伸直,重拍时脚掌踏下,稳重而扎实,结合上肢手舞意涵表达不同的内心情感,从而体现节奏鲜明、热情奔放、充满生命张力的舞蹈动态特征。

第一节 基本动作[2][3]

藏族民间舞蹈的基本体态、基本手形、手位、脚位、基本动律、常用手臂动作、基本步法等构成藏族民间手语舞蹈创作的基本动作素材。基本体态包括自然体态和坐懈胯体态;基本手形包括长袖手和握袖手;基本手位包括扶胯手、斜下手、平开手、单臂手、扬手等;基本脚位包括自然脚、丁字靠步、旁点步;基本动律包括屈伸动律、颤膝动律、抬踏动律等;常用手臂动作包括外绕分手、盖分手、单臂撩袖、前后摆袖等;基本步法包括平步、单靠步、单撩步、三步一撩、抬踏步、嘀嗒步、颤踏步、摆步等。

一、基本体态

(一)自然体态

做法:自然站立,懈胯,略含胸,眼看正中位(图2-1)。

---

[1] 罗雄岩.中国民族民间舞蹈文化教程[M].上海:上海音乐出版社,2001:244—248.
[2] 韩萍,郭磊.中国少数民族民间舞教程[M].北京:高等教育出版社,2004:151—167.
[3] 贾安林,钟宁.中国民族民间舞初级教程[M].上海:上海音乐出版社,2004:1—98.

（二）坐懈胯体态（以左为例）

做法：右丁字步，左脚重心，双膝略屈，坐胯、懈腰状，双手扶胯，眼看正中位（图2-2）。

图2-1

图2-2

二、基本手形、手位、脚位

（一）手形

1. 长袖手

做法：四指自然并拢，虎口自然张开，掌心放松（图2-3）。

2. 握袖手

做法：五指握空心拳，似握衣袖状（图2-4）。

图2-3

图2-4

（二）手位

1. 扶胯手

做法：双手自然贴胯，沉腕，双肘略向前，也可单手做（图2-2）。

2. 斜下手

做法：双手于体前斜下方45度（图2-5）。

3. 平开手

做法：双臂于体旁平伸（图2-6）。

图2-5　　　　　　　　图2-6

4. 胯前、后背手（以左为例）

做法：左手于右胯前，右手后背（图2-7）。

5. 单臂手（以左为例）

做法：右扶胯手，左手体旁屈臂90度，指尖向上（图2-8）。

图2-7　　　　　　　　图2-8

6. 扬手

做法：双手掌心向上，双臂或单臂向斜上方延伸（图2-9、图2-10）。

图 2-9　　　　　　　图 2-10

（三）脚位

1. 自然脚

做法：在正步基础上，脚尖自然打开（图 2-11）。

2. 丁字靠步（以左为例）

做法：在自然脚基础上，左勾脚向左脚前方点地（图 2-12）。

3. 旁点步（以左为例）

做法：自然脚，左脚掌向旁点地（图 2-13）。

图 2-11　　　　　　图 2-12　　　　　　图 2-13

三、基本动律

（一）屈伸动律

准备：自然体态。

做法：双膝有韧性地长伸短屈，重拍向上。

（二）颤膝动律

准备：自然体态。

做法：膝盖富有弹性地连续小颤动，重拍向下。

（三）屈伸颤动律

准备：自然体态。

做法：膝盖松弛、连绵不断地屈伸颤动，重拍向下。

（四）抬踏（冈达）动律

准备：自然体态。

做法：脚掌抬起的瞬间快速击打地面，膝盖松弛，重拍向下。

（五）顺势转体动律

做法：以腰部为轴，随步法（如平步、靠步等）向左或向右转身体。

四、常用手臂动作

（一）外绕分手（以右为例）

做法：右手于体旁，由指尖带动经体前向上弧线至右斜下手。

（二）盖分手

做法：双手于体前交叉盖手（图2-14），由指尖带动，经体前向上呈弧线分至斜下手，掌心向上（图2-15）。

（三）单臂撩袖（以左为例）

做法：提肘同时，左臂向斜上位撩出，力达指尖（图2-16）。

图2-14

图2-15

图2-16

（四）摊盖手（以左为例）

做法：双臂经胸前上弧线晃动成左手于平开手掌心向上，右手于胸前掌心向下（图2-17）。

（五）前后摆袖

做法：双臂下垂，以肘带动手臂做交替前后45度摆动（图2-18）。

（六）甩袖

做法：经屈臂向远处用力甩手。

（七）献哈达

做法：身体前俯，双扬手（图 2-19）。

图 2-17　　　　　　　　　图 2-18　　　　　　　　　图 2-19

五、基本步法

（一）平步

做法：在屈伸动律基础上，双脚交替拖地或脚跟略离地做向前、向后或向旁的迈步。

（二）单靠步（以左为例）

节拍：2/4　四拍完成

准备：左坐懈胯体态。

1—：重心向右旁移，右脚自然抬起，左坐懈胯。

2—：右脚向右旁迈一步，双脚与肩同宽，双膝慢伸。

3—：重心向右旁移，左勾脚抬起25度，双腿屈膝，右坐懈胯。

4—：左勾脚蹬落，靠于右脚前，双膝慢伸。

（三）三步一靠（以右为例）

节拍：2/4　四拍完成

准备：左坐懈胯体态。

1—3：右起平步三次（可向前、向旁、向后）。

4—：做单靠步动作。

（四）撩步（以右为例）

做法：迈左脚屈伸颤，重心在左脚，同时右腿吸抬小腿前撩25度。

(五) 三步一撩(以右为例)

节拍:4/4 四拍完成

准备:左坐懈胯体态。

1—3:右起平步三次(可向前、向旁、向后)。

4—:左撩步一次。

(六) 拧转刨步(以右为例)

节拍:2/4 两拍完成

准备:体对1点,自然体态。

1—:向左转身,体对8点,右脚前迈一步,身体前俯,双手于体前交叉盖手。

Da—:右脚重心,左脚并步,顺势向右转身,体对2点。

2—:体对2点,右脚掌刨地后踢,双手顺势后摆,身体前俯。

(七) 颤踏步

准备:自然体态。

做法:双脚交替踏地,颤膝,重拍向下。

(八) 退踏步(以右为例)

节拍:2/4 两拍完成

准备:自然体态。

1—:左脚重心,右脚后点地,左脚抬踏一次,体旁右前左后手。

Da—:左脚原地踏地一次。

2—:左脚重心,右脚向前踏,体旁左前右后手。

(九) 单脚抬踏步(以右为例)

节拍:2/4 两拍完成

准备:自然体态。

1—:右脚抬踏动律一次,同时左脚略抬。

2—:左脚踏地。

(十) 摊盖手抬踏步(以右为例)

节拍:2/4 两拍完成

准备:右坐懈胯体态。

1—:右单脚抬踏步一次,左起摊盖手一次。

2—:右脚落于右脚前踏实。

(十一) 嘀嗒步(以右为例)

节拍:2/4 两拍完成

准备：右坐懈胯体态，右脚掌抬起。

1—：右脚掌踏地，同时左脚略抬。

2—：左脚踏落，右脚掌抬起，双膝略直。

（十二）摆步

准备：自然体态。

做法：交替单脚抬踏步，身体略前倾，配合左、右摆胯，双手至斜下手。

（十三）第一基本步（以右为例）

节拍：2/4　两拍完成

准备：自然体态。

1—：右单脚抬踏步一次，右手至左胯前，左后背手。

2—：右起全脚颤踏步两次，双手顺势向体旁打开。

（十四）第二基本步

节拍：2/4　四拍完成

准备：自然体态。

1—：右第一基本步一次向左侧横移。

2—：左脚重心，右颤踏步一次，左手至右胯前、右后背手。

3—：向右侧右颤踏步一次。

4—：向右侧横移左起颤踏步两次，双手顺势向体旁打开。

（十五）七下退踏之一

节拍：2/4　四拍完成

准备：自然体态。

1—：左单脚抬踏动律一次，右脚后撤一步成左丁字步，左外绕分手一次。

2—3：右脚重心嘀嗒步两次，右外绕分手一次。

4—：左脚重心，右脚向前踏死，体旁左前右后手。

（十六）七下退踏步之二

节拍：2/4　四拍完成

准备：自然体态。

1—2：右起单脚抬踏两次，后退，右起外绕分手两次。

3—：右脚重心嘀嗒步一次。

4—：左脚重心，上右脚踏活，体旁左前右后手。

（十七）胯悠步（以右为例）

节拍：2/4　四拍完成

准备：自然体态。

1—：左脚抬踏动律一次，右勾脚经前抬腿至端腿，右手经平开手至斜上手落至右单臂袖，左手经平开手至右肘下。

2—：左脚抬踏动律一次，右脚落至自然位，同时双手打开至左手胯前、右后背手。

3—4：按照以右为例的第一基本步做一次。

第二节　女子实例《家乡》

女子实例《家乡》舞蹈音乐选自韩红专辑《雪域光芒》，由韩红作词作曲，旋律优美，歌词亲切感人、朗朗上口。该实例根据歌词意境，以藏族弦子舞蹈语汇为创作基点，将日喀则的山水、牛羊、蓝天、白云、雄鹰和朴实的歌声编织在一起，用生动质朴的藏族地域风情原像展现出藏民族对世代生息的家乡故土的热爱及眷恋之情。

该实例上肢舞蹈动态创作一方面对平开手、斜下手、斜上手、外绕分手、盖分手、撩袖等基本手位与常用手臂进行了艺术性和审美性的开掘和发展，另一方面将手语释义作为创作的本体要素，使之既有手袖柔丽舒展之美，又有手舞形简意丰之美。譬如：在第一段第6—7节"我（的）家（乡在）日喀则"中，将"图2-20我"、"图2-21家"、"图2-22日喀则（1）"、"图2-23日喀则（2）"、"图2-24日喀则（3）"的手语释义艺术转化为"双手经下弧线至胸前端手做'图2-29我家（1）'至按手成'∧'形手做'图2-30我家（2）'，右手拇指、食指弯曲成半圆形经上弧线至右斜上手做'图2-31日喀则（1）'至胸前盖手成'K'指式做'图2-32日喀则（2）'成'Z'指式做'图2-33日喀则（3）'"的上肢舞蹈动态，这些基本手位的细微变化既体现手袖手舞品质，又给人多涵义、多象征的浮想，也折射出藏族人民独特的审美情趣。再如：在第一段第15—16节"蓝蓝（的）天上白云朵朵"中，将"图2-51蓝蓝天空（1）"、"图2-52蓝蓝天空（2）"、"图2-53白云朵朵"的手语释义艺术转化为"双手成'L'指式经双臂撩袖两次做'图2-56蓝蓝天空（1）'、'图2-57蓝蓝天空（2）'至双手成'⊐'形经双臂撩袖两次做'图2-58白云朵朵（1）'、'图2-59白云朵朵（2）'"的上肢舞蹈动态，可以发现"人"与"天空"之间的关系被"双臂撩袖"无限延伸，手臂能量也随着"双臂撩袖"动力不断改变而改变。这种创作思维只保留最重要的、最精华的手舞创作语汇，使弦子舞长袖飘飞特色和手语涵义实现了较好的契合。该实例根据歌词意境追求一种象征天人合一和谐圆满的上肢舞蹈动态，无论是向心的、放射的、回旋的都具有藏传佛教"身"、"语"、"意"为一体的真善美寓意，最终达到艺术视觉效果与情感上的共鸣。

膝部舞蹈动态创作主要根据屈伸动律和屈伸颤动律之间的变化以及舞蹈意境的需要，使膝部动律具有浓郁的地域特色。这一方面是受到高原特殊环境形成的诸多生产、生活习俗的影响，另一方面也受到藏传佛教和道德规范的影响，这种影响使膝部动律被提升到舞蹈风格表达的中心位置。譬如：在第一段第 6—9 节"我（的）家（乡在）日喀则，（那里）有（条）美丽（的）河"中，将"图 2-29 我家（1）"、"图 2-30 我家（2）"膝部舞蹈动态的"屈伸动律"变化为"图 2-31 日喀则（1）"、"图 2-32 日喀则（2）"、"图 2-33 日喀则（3）"的屈伸颤动律来表现特定场景，这样既保留了弦子舞屈伸动律主体审美风格，同时在动作效果上与灵巧的颤膝动律产生强/弱、直接/间接、慢/快鲜明的对比，旨在造成一种稳中求变的动势差别；随后将"图 2-34 有（1）"、"图 2-35 有（2）"、"图 2-36 美丽（1）"、"图 2-37 美丽（2）"、"图 2-38 河"变化为屈伸动律，以柔韧的膝部舞蹈动态表现河水与母亲乳汁的形象与意象之间的转换，刻意追求一种以意代膝，以膝导手的延绵不断的运动轨迹，传递出对家乡甜美乳汁哺育其成长的感激不尽的绵绵深情。同时，藏传佛教在对藏族人民处理人与人、人与自然、人与社会等关系上具有的约束作用也体现在屈伸动律上，直观凸显了藏族弦子膝部舞蹈动态创作的特色、优势及其当代审美价值。

　　脚部舞蹈动态创作主要运用"一步三形态"方式，即遵循"原生形态"、"手语形态"、"舞蹈形态"整合的结构脉络，以平步、单靠步、三步一靠、撩步等步法之间的变化为切入点进行脚部舞蹈动态的创作。在平步、靠步等平稳缓慢的步法中注重舞姿韵律造型的控制，使脚部原生动态更具艺术性，衬托出弦子舞脚部典型的动态语言，同时在撩步原型的基础上大胆创新，烘托出藏民族对青藏高原的眷恋之情。譬如：在第一段第 10—14 节"阿妈拉说牛羊满山坡，（那是因为）菩萨保佑（的）"中，"图 2-46 妈妈说牛（1）"、"图 2-47 妈妈说牛（2）"、"图 2-48 满山坡（1）"、"图 2-49 满山坡（2）"巧妙注入了节奏稍快的三步一靠，将三步一靠既定的步法动态与藏族农牧方式进行了适度的匹配，使之反映出藏民族在青藏高原严酷的自然条件下的劳作场景和通过情绪上的自娱来鼓舞劳动干劲的场景，渲染出藏族人民乐观豁达、吃苦耐劳的精神。之后将"图 2-50 保佑"变化为"平步"，在藏民族对藏传佛教信仰的崇敬氛围中使平步动态变得更加凝重、缠绵和坚实，较好地描绘出藏民族对万物生灵的守护之情。

家　乡

$1=C$　$\dfrac{2}{4}$

韩红　词曲

（3　6 7　7｜6 6　1.｜6　5　-｜5　0）｜

6 3 3 3 0 3｜2 #1 2 0｜6 1 1 1 1 2｜3 -｜

我的家乡　　　在　日喀则，　　那里有条美丽的　河。

简谱

```
[10]
6̣ 3 3 3  0 2 3 | 2 #1 2  0 | 1 1 1 1  1 6 6 5 | 6̣ —  ‖
阿妈拉说  牛羊 满 山坡，    那是因为  菩萨保佑    的。

                    [15]
0    0    | 6̣ 3 3 3 6 | 2 2 #1 2  2 | 6̣ 1 1 1  1 2 3 |
            蓝 蓝 的 天 上   白 云 朵 朵，   美丽 河水 泛 清波。

                    [19]
3  —  | 6̣ 3 3 3 6 | 2 2 #1 2  2 | 1 1 1 1  1 6 6 5 |
         雄 鹰 在 这 里   展 翅 飞 过，   留下那段 动 人的

                              [24]
6̣  —  | 0    0    |‖: 3 6 7  6 7 5 5 | 6 — |
歌。                 唵 嘛呢  叭咪叭咪  吽，

                              [28]
3 6 7  6 7 5 #4 | 3  —  | 6 5 6  4 5 4 2 | 2  —  |
唵 嘛呢  叭咪叭咪  吽。      唵 嘛呢  叭咪叭咪  吽，

                    [31]          [32]
                    1.             2.
3 2 3  1 2 1 6 | 6̣  —  :‖ 6̣  —  | 0    0    ‖
唵 嘛呢  叭咪叭咪    吽。      吽。                D.S.

[34]          3
(0    6̇ 7̇ 1 | 2 3 1 2  2 | 0 5 6  1 3 4 3 2 1 2 | 1 |
                                                  [36]

         1
0    i 6̇ 1 2 | 7̇ 1 5 5 6 6  5 | 0    0 ) ‖ 3 6 7  6 7 5 5 | 6 — ‖
                                            [41]
                                            唵 嘛呢 叭咪叭咪  吽。    Fine
```

准备：体对5点，左靠步，左扬手，右平开手，眼看左斜上位。

第一段

第1节：舞姿保持。

第2节：做第1节反面舞蹈动作。

第3—5节：向右转身，右起平步六次，体对1点，双扶胯手。

第6—9节：我（的）家（乡在）日喀则，（那里）有（条）美丽（的）河。

我：一手食指指向自己（图2-20）。

家：双手搭成"∧"形（图2-21）。

图2-20　我

图2-21　家

日喀则：(1) 右手拇指、食指两指弯曲成半圆形，从右边向左边做弧形移动，象征从日出到日落，即一天的时间（图2-22）；(2) 一手打手指字母"K"的指式（图2-23）；(3) 一手打手指字母"Z"的指式（图2-24）。

图2-22　日喀则(1)

图2-23　日喀则(2)

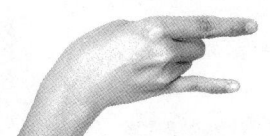

图2-24　日喀则(3)

有：一手伸拇指、食指，掌心向上，然后食指弯动两下（图2-25）。

美丽：一手伸拇指、食指、中指，食指、中指并拢指尖于鼻部（图2-26），然后边向外移动边收拢食指、中指，只伸出拇指，表示美丽、好看、漂亮的意思（图2-27）。

河：双手侧立，掌心相对，相距约20厘米，向前做曲线形移动（图2-28）。

图2-25　有

图2-26　美丽(1)

图 2-27 美丽(2)

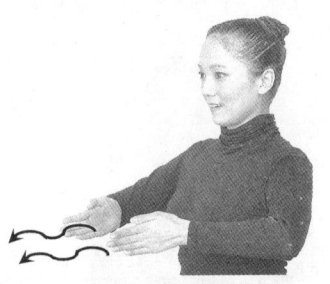
图 2-28 河

1—2 我家：体对 1 点，右起平步两次，前行，双手经下弧线至胸前端手做"我家(1)"（图 2-29）至按手成"∧"形手做"我家(2)"（图 2-30），眼看正中位。

图 2-29 我家(1)

图 2-30 我家(2)

3—4 日喀则：体对 2 点，右脚后撤一步成右踏步，屈伸颤四次，右手拇指、食指弯曲成半圆形经上弧线至右斜上手做"日喀则(1)"（图 2-31）、至胸前盖手成"K"指式做"日喀则(2)"（图 2-32）、成"Z"指式做"日喀则(3)"（图 2-33），左平开手，身体前俯。

图 2-31 日喀则(1)

图 2-32 日喀则(2)

图 2-33 日喀则(3)

5—有:向右顺势转身,体对5点,右脚旁迈一步成左单靠步,左手经斜下外绕分手食指弯动做"有(1)"(图2-34)至左单臂撩袖、食指弯动做"有(2)"(图2-35),右手经斜上手至平开手。

图2-34 有(1)

图2-35 有(2)

6—美丽:左脚旁迈一步成右单靠步,右手经鼻前轻拍做"美丽(1)"(图2-36)至单臂撩袖成赞扬拳做"美丽(2)"(图2-37),左手经斜上手至平开手。

7—8 河:向右转身,体对6点,右起平步四次,前行,双手掌心相对至体前,双推小柔腕两次做"河"(图2-38),身体前俯,眼看正中位。

图2-36 美丽(1)

图2-37 美丽(2)

图2-38 河

第10—14节:阿妈拉说牛羊满山坡,(那是因为)菩萨保佑(的)。

阿妈拉(妈妈):右手伸食指,指尖左侧部贴在嘴唇上(图2-39)。

说:一手食指横伸,在嘴前转动两下(图2-40)。

牛羊(牛):一手伸拇指、小指,拇指尖抵于太阳穴处,小指尖向前,仿牛角状(图2-41)。

图 2-39 妈妈

图 2-40 说

图 2-41 牛

满山坡：(1) 一手横伸,掌心向下,自腹部移至颏下(图 2-42)；(2) 一手拇指、食指、小指直立,手背向外,仿"山"字形(图 2-43)。

图 2-42 满山坡(1)

图 2-43 满山坡(2)

菩萨保佑(保佑)：(1) 双手斜伸,掌心向外,同时按动一下(图 2-44)；(2) 双手合十于胸前,低头,模仿信仰宗教的人做祈祷的动作(图 2-45)。

图 2-44 保佑(1)

图 2-45 保佑(2)

1—2 阿妈拉说牛羊(妈妈说牛)：向右转身,体对 1 点,右起三步一靠一次,右手经下弧线成单指至嘴前轻点至外绕手做"妈妈说牛(1)"(图 2-46)至拇指轻触头部两侧仿牛角状做"妈妈说牛(2)"(图 2-47)。

图2-46 妈妈说牛(1)

图2-47 妈妈说牛(2)

3—4 满山坡:左起三步一靠一次,左手掌形经下弧线至颏下做"满山坡(1)"(图2-48)至右单臂撩袖、仿"山"字形做"满山坡(2)"(图2-49)。

图2-48 满山坡(1)

图2-49 满山坡(2)

图2-50 保佑

5—10 菩萨保佑(保佑):体对2点,右起平步,前行,一拍一次,双手至体前合十做"保佑"(图2-50),身体前俯。

第15—18节:蓝蓝(的)天上白云朵朵,(美丽)河水泛清波。

蓝蓝天上(蓝蓝天空):(1)一手打手指字母"L"的指式,并沿胸的一侧划下(图2-51);(2)一手食指直立,在头前上方转动一圈(图2-52)。

白云朵朵:右手五指略屈成"⌒"形,在头部上方转一圈(图2-53)。

图2-51 蓝蓝天空(1)

图2-52 蓝蓝天空(2)

图2-53 白云朵朵

河水泛清波(河水荡漾):(1)双手侧立,掌心相对,相距约20厘米,向前做曲线形移动(图2-54);(2)双手横伸,掌心向下,同时向两侧做波浪形移动,动作幅度稍大(图2-55)。

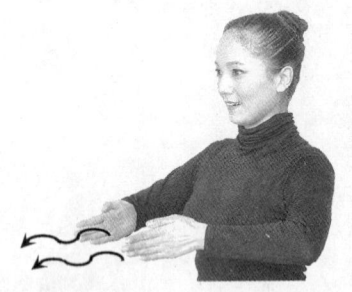
图2-54 河水荡漾(1)

图2-55 河水荡漾(2)

1—2 蓝蓝天上(蓝蓝天空):体对1点,分别对8点、2点右起单撩步两次,双手成"L"指式经双臂撩袖两次做"蓝蓝天空(1)"(图2-56)、"蓝蓝天空(2)"(图2-57)。

图2-56 蓝蓝天空(1)

图2-57 蓝蓝天空(2)

3—4 白云朵朵:向左转身,体对5点,分别对4点、6点右起单撩步两次,双手成"⌒"形经双臂撩袖两次做"白云朵朵(1)"(图2-58)、"白云朵朵(2)"(图2-59)。

5—8 河水泛清波(河水荡漾):第5—6拍,向左转身,体对1点,向7点左起三步一靠一次,右手经下弧线悠手做"河水荡漾"(图2-60);第7—8拍,做第5—6拍反面动作。

图2-58 白云朵朵(1)　　　图2-59 白云朵朵(2)　　　图2-60 河水荡漾

第19—23节:雄鹰(在这里展翅)飞(过),留下(那段)动人(的)歌。

雄鹰飞:(1)一手食指弯曲如钩,指尖向下置于鼻下,象征鹰嘴(图2-61);(2)双臂侧斜,向上抬起,掌心向下,手臂大幅度上下扇动(图2-62)。

留下:双手横伸,掌心向下,右手轻拍一下左手背(图2-63),并向下一按(图2-64)。

图2-61 雄鹰飞(1)　　　　　　图2-62 雄鹰飞(2)

图2-63 留下(1)　　　　　　图2-64 留下(2)

动人(感动):(1)右手掌贴于左胸部(图2-65);(2)双手握拳屈肘,在胸前交替动几下

（图2-66）。

歌：一手食指指尖抵于喉部，口略张开，头向两侧略摆，模仿唱歌状（图2-67）。

图2-65 感动（1）

图2-66 感动（2）

图2-67 歌

1—4 雄鹰飞：向左转身，体对7点，右起单撩步四次，前行，双臂撩袖做"雄鹰飞（1）"（图2-68）、"雄鹰飞（2）"（图2-69）。

图2-68 雄鹰飞（1）

图2-69 雄鹰飞（2）

5—6 留下动人：身体经8点拧转至2点，右拧转刨步一次，双臂至体前盖手做"留下（1）"（图2-70）、"留下（2）"（图2-71），经右扶胸手至双手空心拳至体后摆袖做"动人"（图2-72）。

图2-70 留下（1）

图2-71 留下（2）

图2-72 动人

7—10 歌：碎步，向右转两周，右手单指指于颈部做"歌"（图 2-73），左平开手，眼看右斜上位。

第 24—27 节：(唵嘛呢叭咪叭咪吽，唵嘛呢叭咪叭咪吽)。

1—8：体对 2 点，右起平步，前行，一拍一次，双扬手，眼看正上位。

第 28—31 节：(唵嘛呢叭咪叭咪吽，唵嘛呢叭咪叭咪吽)。

1—8：体对 2 点，右起平步，后退，一拍一次，双手体前合十，身体前俯。

第 24—27 节：(唵嘛呢叭咪叭咪吽，唵嘛呢叭咪叭咪吽)。

图 2-73 歌

1—8：右起三步一撩四次，前弧线，左扬手、右平开手。

第 28—30 节、第 32—33 节：(唵嘛呢叭咪叭咪吽，唵嘛呢叭咪叭咪吽)。

1—4：体对 2 点，右起平步四次，前行，双手至正上位合十，身体前俯，眼看正上位。

5—6：向右顺势转体，体对 2 点，右起平步四次，后退，左扬手、右平开手，身体后仰，眼看左斜上位。

7—8：向左顺势转体，体对 8 点，右起平步四次，后退，右扬手、左平开手，身体后仰，眼看右斜上位。

第二段（从 D.S.记号处反复至 Fine）

第 6—31 节、第 32—33 节：同上。

第 34—35 节：体对 2 点，正步屈伸动律，双手至正上位合十，身体前俯，眼看正上位。

第 36—40 节：体对 2 点，上肢舞姿保持，右起平步，一拍一次，前行。

第 41—42 节：体对 2 点，双腿跪地，双手掌心贴地，身体前俯。

第三节　男子实例《雪域踢踏》

男子实例《雪域踢踏》舞蹈音乐选自格桑梅朵专辑《天嫁》，由姜祥仲作词作曲，歌词直抒胸臆，旋律欢快，词曲呼应。该实例根据歌词意境，以鲜明的韵律节奏、灵活多变的踢踏舞风格、轻松潇洒的舞姿表达了藏族人民朝气蓬勃、奋发向上的时代精神，在载歌载舞中传递了西域舞风的魅力。

该实例上肢舞蹈动态创作从挖掘藏民族深厚的文化历史的视角出发，在继承了斜下手、斜上手、平开手、摊盖手、盖分手、撩袖、甩袖等基本手位和常用手臂的基础上，将藏民族的舞袖动态和手语释义紧密地融合在一起，完成了从手语形态到语意表达的艺术转化过程，从而创造出具有藏民族传统文化内涵和当代手舞审美意识的手语舞蹈。譬如：实例第一段将"图 2-74 花开（1）"、"图 2-75 花开（2）"的手语释义艺术转化为"经摊盖手路径指做

'图2-79花开(1)'、'图2-80花开(2)'、'图2-81花开(3)'、'图2-82花开(4)'、'图2-96冬天开花(1)'、'图2-97冬天开花(2)'、'图2-105春天开花(1)'、'图2—106春天开花(2)'、'图2-107开花(1)'、'图2-108开花(2)'"等上肢舞蹈动态,其创作特点是运用藏族传统的"摊盖手"动作作为"雪莲花开"、"格桑花开"、"冬天开(的)雪莲花"、"春天开(的)格桑花"简约之美的手舞形象,表现出原生态的雪域景象和藏民族在青藏高原生存环境中形成的坚忍不拔的民族气质。再如,在实例第一、二段中,"图2-93太阳"手语释义艺术转化为"双手拇指、食指搭成大圆形经斜上手双臂甩袖做'图2-98太阳'、'图2-115太阳'、'图2-134太阳走(1)'","图2-103月亮"手语释义艺术转化为"双手掌心相对拇指、食指弹开经上分手至斜上手成半弦月亮状撩袖做'图2-109月亮'、'图2-120月亮(1)'、'图2-141月亮走(1)'","图2-129走"手语释义艺术转化为"体旁左前右后摆袖弹指做'图2-135太阳走(2)'、'图2-136走天涯(1)'",无论是"太阳"之"甩袖","月亮"之"撩袖",还是"走"之"摆袖",使手语释义与舞蹈流动线条巧妙衔接,在空间构图上力求协调一致,可以清楚地看到一个个具体的功能性表述,呈现出藏民族生生不息的生命运动意识以及对幸福吉祥美好生活的期盼。

膝部舞蹈动态创作主要经由膝部颤膝动律过程的延展,创造出与藏民族劳作之余自娱自乐、放松身心以及节庆表演相匹配的轻松而热烈的膝部动力,舞蹈情绪也随着膝部能量的聚积塑造出藏民族朴实、纯真、灵动的艺术化生活态度。该实例使用的脚部舞蹈动态可能不同,但是均要保存颤膝动律的原生命力,将颤膝动律与藏民族自身对生命的体悟联结在一起,把舞者和观者的身心感受联结在一起,随着欢快的生命动律、嘹亮的歌声,显现出一种跃动的生命形式。颤膝动律作为藏族踢踏舞重要的膝部表现形式,不仅延续着藏民族悠久的文化传统,也表现着藏民族豪爽、乐观、自在的性格特征。

脚部舞蹈动态创作主要以颤踏步、抬踏步、嘀嗒步、摆步等步法之间的变化为切入点进行脚部舞蹈动态的创作。脚部舞蹈动态和膝部颤膝动律自然融合在一起,在动感十足的脚部舞蹈动态宣泄下,使情感得到进一步的释放。譬如:"图2-79花开(1)"、"图2-80花开(2)"、"图2-81花开(3)"、"图2-82花开(4)"、"图2-96冬天开花(1)"、"图2-97冬天开花(2)"、"图2-105春天开花(1)"、"图2-106春天开花(2)"、"图2-107春天开花(3)"、"图2-108春天开花(4)"均使用摊盖手抬踏步,此样式连续的启动构成创作编排的行动能量,持续流动的能量将轻巧弹动的抬踏步与行云流水的"摊盖手"及俯首弓腰的晃身舞姿融为一体,产生了脚踏青藏高原浮游流动的图景,这样的图景可以激活舞者的觉察力,进而提高其感官敏感度并赋予舞姿更强的生命活力。再如:在第二段第21—24节"我(要)跟着太阳走,(走呀)走天涯"中,"图2-132我"、"图2-133跟着"、"图2-134太阳走(1)"、"图2-135太阳走(2)"、"图2-136走天涯(1)"、"图2-137走天涯(2)"、"图2-138走天涯(3)"均使用单脚交替抬踏步,步法不但踏地清脆,而且由膝部的颤膝动律波及脚踝关节的动态能量引发其内在想象,用想象激发当下的身体觉察,将藏民族对家乡的热爱和对生活充满憧憬的美好心愿诠释得淋漓尽致。

雪域踢踏

1=G 2/4

姜祥仲 词曲

| 3 3̇5 3 3̇5 | 6 6 6 0 | 2̇3̇1 2̇3̇1 | 6 6 6 0 | 3 3̇5 3 3̇5 | 6 6 6 0 |

| 2̇3̇1 2̇3̇1 | 6 6 6 0 | 3 — | 3 — | 3 — | 3 — |

1.啊
2.啊

[13]
| 3 3 3 2̇1̇ | 3 3 3 2̇1̇ | 3 3 2 3 5 | 3 — | [17] 2 2 2 1 6 | 2 2 2 1 6 |

雪莲花　开呀开呀　开在雪山　下，　　　格桑花　开呀开呀
太阳太阳　太阳太阳　照在雪山　下，　　　月亮月亮　月亮月亮

| 2 2̇3̇ 1 6̇5̇ | 3 — | [21] 3 3 3 2̇1̇ | 3 3 3 2̇1̇ | 3 3 2 3 5 | 3 — |

开在唐古　拉。　　　冬天开的　雪莲花，　太阳拥抱　她，
撒满唐古　拉。　　　我要跟着　太阳走，　走呀走天　涯，

[25]
| 2 2 2 1 6 | 2 2 2 1 6 | 2 2 1 6̇5̇ | 6 — | [29] ‖: 3 3̇5 3 3̇5 |

春天开的　格桑花，　月亮伴着　她。　　　冈巴拉 冈巴拉
我要跟着　月亮走，　回到我的　家。　　　

| 6 6 6 0 | 2 1 1 2 1 1 | 6 6 6 0 :‖ [33] 2·3 1 0 | 2·3 1 0 |

桑桑桑　　金巴拉金巴拉　松松松　　　冈巴　金巴
　　　　　　　　　　　　　　　　　　冈巴　金巴

| 2·1 2 1 | 6 6 6 0 :‖ [37] 1 6 0 | 5 6 0 | 6 3 0 | 6 3 0 |

冈巴金巴　桑桑桑　　哈　　哈　　哈　　哈
冈巴金巴　松松松　　哈　　哈　　哈　　哈

第二章 藏族民间手语舞蹈

[41] $\underline{1}$ 6 0 | $\underline{5}$ 6 0 | $\underline{6}$ 3 0 | $\underline{6}$ 3 0 | [45] 2· 3 1 0 | 2· 3 1 0 |
哈　　　　哈　　　　哈　　　　哈　　　　冈　巴　金 巴

2· 1 2 1 | 6 6 6 0 ‖: × × × × | [49] × × × × | × × × × × × |
冈　巴　金 巴　　松 松 松　　几　牙 石 几　　尼 牙 石 尼　　几 尼 松 几 尼 松
　　　　　　　　　桑 桑 桑　　尕　牙 石 尕　　卡 牙 石 卡　　尕 卡 玛 尕 卡 玛

× × × :‖ [53] (× × × 0 | × × × 0 | × × × × | [56] × × × 0 | × × × 0 |
几 尼 松
尕 卡 玛

× × × 0 | × × × × | [60] × × × 0 | × × × 0 | × × × 0 | × × × 0 |

[64] × × × 0 | × × × 0 | × × × 0 | × × × × | × × × 0) :‖

[69] ‖: $\underline{3 \ 3}$ 5 $\underline{3 \ 3}$ 5 | 6 6 6 0 | [71] $\underline{2 3 1}$ $\underline{2 3 1}$ | 6 6 6 0 |
2.
冈 巴 拉 冈 巴 拉　桑 桑 桑　　金 巴 拉 金 巴 拉　松 松 松
冈 巴 拉 冈 巴 拉　桑 桑 桑　　金 巴 拉 金 巴 拉　松 松 松

[73] $\underline{3 \ 3}$ 5 $\underline{3 \ 3}$ 5 | 6 6 6 0 | [75] $\underline{2 3 1}$ $\underline{2 3 1}$ | 6 6 6 0 :‖ [77] × ×·
冈 巴 拉 冈 巴 拉　桑 桑 桑　　金 巴 拉 金 巴 拉　松 松 松　　　　索 呀!
冈 巴 拉 冈 巴 拉　桑 桑 桑　　金 巴 拉 金 巴 拉　松 松 松

第一段

第1—8节：左后区，体对2点，右起颤踏步，右起外绕分手，前行。

第9—12节：(啊)。

1—4：体对1点，正步，颤膝，原地，垂手。

5—8：体对1点，右退踏步两次。

第13—16节：雪莲花开(呀开呀开在)雪山下。

雪莲花开(花开):一手五指撮合,指尖向上(图2-74),然后放开五指(图2-75)。

图2-74 花开(1)

图2-75 花开(2)

雪山:(1)掌心斜向下,五指分开,边交替点动边向斜下方缓缓下降(图2-76);(2)一手拇指、食指、小指直立,手背向外,仿"山"字形(图2-77)。

下:一手伸食指向下指(图2-78)。

图2-76 雪山(1)

图2-77 雪山(2)

图2-78 下

1—4 雪莲花开(花开):第1—2拍,体对1点,右起抬踏步一次,经左起摊盖手路径做"花开(1)"(图2-79)至五指撮合成扩指做"花开(2)"(图2-80);第3—4拍,左起抬踏步一次,经右起摊盖手路径做"花开(3)"(图2-81)至五指撮合成扩指做"花开(4)"(图2-82),眼看正中位。

图2-79 花开(1)

图2-80 花开(2)

图 2-81 花开(3)

图 2-82 花开(4)

5—8 雪山下：右脚重心嘀嗒步四次，双手掌形经左斜上手抖动做"雪山下(1)"（图2-83）至体前掌心向内立掌仿"山"字形做"雪山下(2)"（图2-84）至双手单指于斜下盖分手做"雪山下(3)"（图2-85）。

图 2-83 雪山下(1)

图 2-84 雪山下(2)

图 2-85 雪山下(3)

第17—20节：格桑花开（呀开呀开在）唐古拉。

格桑花开（花开）：同图2-74、图2-75手语翻译。

唐古拉：(1) 一手打手指字母"T"的指式（图2-86）；(2) 双手拇指、食指搭成"古"字形（图2-87）；(3) 一手打手指字母"L"的指式（图2-88）。

 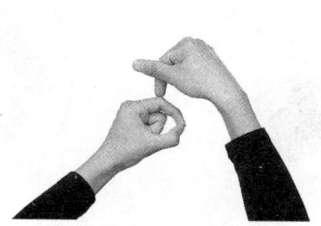 

图 2-86　唐古拉(1)　　　　图 2-87　唐古拉(2)　　　　图 2-88　唐古拉(3)

1—4 格桑花开(花开)：同图 2-79、图 2-80、图 2-81、图 2-82 手语舞蹈动作。

5—8 唐古拉：右脚重心嘀嗒步四次，双手掌心向外成"T"指式经左斜上手压腕做"唐古拉(1)"(图 2-89)至体前盖手成"古"字形做"唐古拉(2)"(图 2-90)至双手成"L"指式于斜下盖分手做"唐古拉(3)"(图 2-91)。

图 2-89　唐古拉(1)　　　　图 2-90　唐古拉(2)　　　　图 2-91　唐古拉(3)

第 21—24 节：冬天开(的)雪莲花，太阳拥抱她。

冬天：左手握拳，手背向上，右手伸食指在左拳小指骨节处点一下，表示冬季(图 2-92)。

开雪莲花(开花)：同图 2-74、图 2-75 手语翻译。

太阳：双手拇指、食指搭成大圆形，从身体右侧向头顶做弧形移动，如太阳升起(图 2-93)。

图 2-92 冬天

图 2-93 太阳

拥抱：双手交叉，掌心向内，并先后贴在胸前作怀抱状（图 2-94）。
她：一手食指指向侧方第三者（图 2-95）。

图 2-94 拥抱

图 2-95 她

1—4 冬天开雪莲花（冬天开花）：体对 1 点，右起抬踏步两次，右手单指点动左拳小指骨节经左起摊盖手路径做"冬天开花（1）"（图 2-96）至五指撮合成扩指一次做"冬天开花（2）"（图 2-97），至右起摊盖手路径至五指撮合成扩指一次做"开花"（同图 2-81、图 2-82）。

图 2-96 冬天开花（1）

图 2-97 冬天开花（2）

5—6 太阳拥抱：体对 1 点，右起颤踏步四次，前行，双手拇指、食指搭成大圆形经斜上手双臂甩袖两次做"太阳"（图 2-98）至胸前交叉搭肩手两次做"拥抱"（图 2-99）。

图 2-98　太阳　　　　　　图 2-99　拥抱

7—8 她：体对 1 点，自然脚，左脚重心，右颤踏步两次，双臂经体前撩袖成单指做"她（1）"（图 2-100）至斜上手撩袖成单指做"她（2）"（图 2-101）。

图 2-100　她（1）　　　　图 2-101　她（2）

第 25—28 节：春天开（的）格桑花，月亮伴着她。

春天：左手握拳，手背向上，右手伸食指在左拳食指骨节处点一下，表示春季（图 2-102）。

开格桑花（开花）：同图 2-74、图 2-75 手语翻译。

月亮：双手拇指、食指张开，指尖相对，从中间边向两侧下方做弧形移动边捏合拇指、食指，如半弦月亮状（图 2-103）。

伴着（陪）：双手食指直立，一左一右，同时向前移动，如一个人陪着另一个人（图 2-104）。

图 2-102　春天　　　　　图 2-103　月亮　　　　　图 2-104　陪

她：同图 2-95 手语翻译。

1—4 春天开格桑花（春天开花）：第 1—2 拍，体对 1 点，向右转身，体对 3 点右起抬踏步一次，右手单指点动左拳食指骨节经左起摊盖手路径做"春天开花（1）"（图 2-105）至五指撮合成扩指做"春天开花（2）"（图 2-106）；第 3—4 拍，向右转身，体对 5 点左起抬踏步一次，经左起摊盖手路径做"春天开花（3）"（图 2-107）至五指撮合成扩指做"春天开花（4）"（图 2-108）。

图 2-105　春天开花（1）

图 2-106　春天开花（2）　　图 2-107　春天开花（3）　　图 2-108　春天开花（4）

5—8 月亮伴着（月亮陪）：向右转身，体对 7 点，右起抬踏步一次，双手掌心相对，拇指、食指弹开经上分手至斜上手成半弦月亮状撩袖做"月亮"（图 2-109）至右晃手成单指压腕做"陪"（图 2-110）。

图 2-109　月亮　　　　　　　图 2-110　陪

7—8 她：向右转身，体对 1 点，左起抬踏步一次，双手单指经右晃手做"她(1)"(图 2-111)至左平开手、右手胸前压腕做"她(2)"(图 2-112)。

图 2-111　她(1)　　　　　　　图 2-112　她(2)

第 29—32 节：(冈巴拉冈巴拉桑桑桑，金巴拉金巴拉松松松)。

1—8：向右转身，右起第一基本步四次，后弧线。

第 29—32 节：(冈巴拉冈巴拉桑桑桑，金巴拉金巴拉松松松)，反复段。

1—8：右起第一基本步四次，前弧线。

第 33—36 节：(冈巴金巴冈巴金巴桑桑桑)。

1—8：体对 1 点，右起第二基本步两次。

第 33—36 节：(冈巴金巴冈巴金巴桑桑桑)，反复段。

1—8：向左转身，左起颤踏步十六次，后弧线，外绕分手。

第 37—40 节：(哈哈哈哈)。

1—2：体对 1 点，左脚向前踏步一步，同时双臂向上袖一次，眼看左斜上位，至左脚后撤一步成左踏步半蹲,双手鹰式,身体前俯,眼看右斜上位。

3—4:同第1—2拍舞蹈动作。

5—8:右起第一基本步两次。

第41—44节:(哈哈哈哈)。

1—8:同第37—40节舞蹈动作。

第45—48节:(冈巴金巴冈巴金巴松松松)。

1—8:向左转身,右起第一基本步四次,后弧线。

第37—48节:(哈哈哈哈,哈哈哈哈,冈巴金巴冈巴金巴松松松),反复段。

1—24:重复第37—48节舞蹈动作。

第49—52节:(几牙石几,尼牙石尼,几尼松,几尼松,几尼松)。

1—8:体对1点,七下退踏步之二两次。

第49—52节:(夵牙石夵,卡牙石卡,夵卡玛夵卡玛,夵卡玛),反复段。

1—8:体对1点,退踏步两次,七下退踏步之一一次。

第53—56节:向左转身,体对7点,退踏步两次,七下退踏步之一一次。

第57—60节:同第一段第53—56节舞蹈动作。

第61—64节:向右转身,体对1点,退踏步两次,七下退踏步之二一次。

第65—68节:同第一段第61—64节舞蹈动作。

第二段

第1—12节:同第一段第1—12节舞蹈动作。

第13—16节:太阳(太阳太阳太阳)照(在)雪山下。

太阳:同图2-93手语翻译。

照:双手五指先撮合,指尖向下(图2-113),然后张开五指(图2-114)。

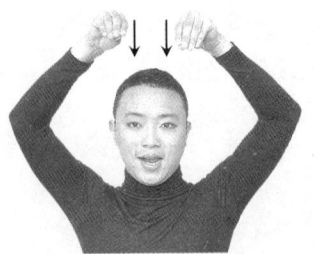
图2-113 照(1)

图2-114 照(2)

雪山:同图2-76、图2-77手语翻译。

下:同图2-78手语翻译。

1—4 太阳：体对 1 点,左起摆步四次,前行,双手拇指、食指搭成大圆形经斜上手双臂甩袖两次做"太阳"(图 2-115)。

5—8 照雪山下：第 5—6 拍,左起摆步两次,原地,双手掌心向下至斜上手扩指做"照雪山下(1)"(图 2-116)至斜上手抖动做"照雪山下(2)"(图 2-117)至平开手掌心向内立掌仿"山"字形做"照雪山下(3)"(图 2-118);第 7—8 拍,左起摆步两次,原地,双手单指于斜下盖分手做"照雪山下(4)"(图 2-119)。

图 2-115　太阳

图 2-116　照雪山下(1)

图 2-117　照雪山下(2)

图 2-118　照雪山下(3)

图 2-119　照雪山下(4)

第 17—20 节：月亮(月亮月亮月亮)撒(满)唐古拉。

月亮：同图 2-103 手语翻译。

撒(照)：同图 2-113、图 2-114 手语翻译。

唐古拉：同图 2-86、图 2-87、图 2-88 手语翻译。

1—4 月亮：左脚重心,右脚分别向 8 点、3 点、6 点、3 点颤踏步各一次,双手掌心相对拇指、食指弹开经上分手至斜上手成半弦月亮状撩袖做"月亮(1)"(图 2-120)、"月亮(2)"(图 2-121)、"月亮(3)"(图 2-122)、"月亮(2)"(图 2-121)。

图2-120　月亮（1）　　　图2-121　月亮（2）　　　图2-122　月亮（3）

5—8 撒唐古拉（照唐古拉）：左脚重心，右脚分别向8点、3点、6点、3点颤踏步各一次，双手掌形经斜上手双臂甩袖做"照唐古拉（1）"（图2-123），双手掌心向外成"T"指式至平开手压腕做"照唐古拉（2）"（图2-124）、至体前盖手成"古"字形做"照唐古拉（3）"（图2-125）、于胸前压腕成"L"指式至平开手做"照唐古拉（4）"（图2-126）。

图2-123　照唐古拉（1）　　　图2-124　照唐古拉（2）

图2-125　照唐古拉（3）　　　图2-126　照唐古拉（4）

第21—24节：我(要)跟着太阳走，(走呀)走天涯。

我：一手食指指自己(图2-127)。

跟着：双手伸拇指、小指，一前一后，同时向前移动(图2-128)。

太阳：同图2-93手语翻译。

走：一手食指、中指分开，指尖向下，交替向前移动(图2-129)。

图2-127 我　　　　　　图2-128 跟着　　　　　　图2-129 走

天涯：(1) 一手食指直立，在头前上方转动一圈(图2-130)；(2) 左手横伸，手背向上，右手五指并拢，指尖向下，沿左手的小指边缘划动一下(图2-131)。

图2-130 天涯(1)　　　　　　图2-131 天涯(2)

1—4 我跟着太阳走：向左转身，体对8点，右起交替单脚抬踏步四次，前行，右手经胸前端手做"我"(图2-132)至胸前侧提腕向前延伸做"跟着"(图2-133)、至双手拇指、食指搭成大圆形经斜上手双臂甩袖一次做"太阳走(1)"(图2-134)至体旁左前右后摆袖弹指做"太阳走(2)"(图2-135)。

图2-132 我

图 2-133　跟着　　　　　图 2-134　太阳走(1)　　　　图 2-135　太阳走(2)

5—8 走天涯:体对 8 点,右起交替抬踏步四次,前行,经体旁右前左后摆袖弹指做"走天涯(1)"(图 2-136)至左单臂撩袖做"走天涯(2)"(图 2-137)至右提腕手于左盖手外侧向右移动做"走天涯(3)"(图 2-138)。

图 2-136　走天涯(1)　　　图 2-137　走天涯(2)　　　图 2-138　走天涯(3)

第 25—28 节:我(要)跟着月亮走,(回)到我(的)家。

我:同图 2-127 手语翻译。

跟着:同图 2-128 手语翻译。

月亮:同图 2-103 手语翻译。

走:同图 2-129 手语翻译。

到:一手伸拇指、小指,向前做弧形移动,然后向下一顿(图 2-139)。

我:同图 2-127 手语翻译。

家:双手搭成"∧"形(图 2-140)。

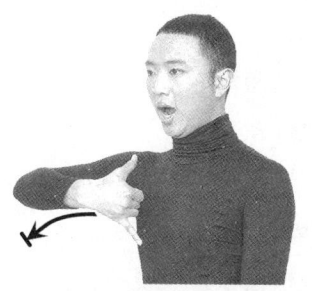
图 2-139 到

图 2-140 家

1—2 我跟着:向左转身,体对 2 点,同图 2-132、图 2-133 手语舞蹈动作。

3—4 月亮走:右起交替单脚抬踏步两次,前行,双手掌心相对拇指、食指弹开经上分手至斜上手成半弦月亮状撩袖做"月亮走(1)"(图 2-141)至体旁左前右后摆袖做"月亮走(2)"(同图 2-135)。

5—8 到我家:向右转身,体对 1 点,右胯悠步一次,双手经胸前端手做"到我家(1)"(图 2-142)至右端手做"到我家(2)"(图 2-143)至胸前按手成"∧"形手做"到我家(3)"(图 2-144)。

图 2-141 月亮走(1)

图 2-142 到我家(1)

图 2-143 到我家(2)

图 2-144 到我家(3)

第29—52节:同第一段第29—52节舞蹈动作。

第69—72节:(冈巴拉冈巴拉桑桑桑,金巴拉金巴拉松松松)。

1—8:向右转身,体对4点,右起第一基本步四次,前行。

第73—76节:(冈巴拉冈巴拉桑桑桑,金巴拉金巴拉松松松)。

1—8:向左转身,右起颤踏步十六次,前弧线,外绕分手。

第69—72节:(冈巴拉冈巴拉桑桑桑,金巴拉金巴拉松松松),反复段。

1—8:体对1点,右起第二基本步两次。

第73—76节:(冈巴拉冈巴拉桑桑桑,金巴拉金巴拉松松松),反复段。

1—8:右脚起第一基本步四次,向左转体两周,双手至平开手。

第77节:(索呀)!

1—2:体对1点,献哈达。

第四节　知识拓展

本节针对藏族民间手语舞蹈创作进行手语知识拓展,选择的曲目为《北京的金山上》。歌曲为藏族民歌,由马倬改编,歌词唱出了藏族百万农奴翻身解放获得新生后对党和毛主席的感激之情,朴素无华的歌词和优美动听的旋律跨越了时间与空间的障碍,唱响在中国大地的每一个角落。

北京的金山上

藏族民歌
马　倬　改编

$1 = G$ $\frac{4}{4}$

‖: (6̇ 1̇ 2̇ 3̇　6̇ 1̇ 2̇ 3̇ | 3̇ 5̇　6̇ 1̇ 2̇　2̇ 1̇ 1̇ 6 | 6 — — 6 6)

6　6̇ 1̇ 3̇　3̇ 2̇ | 1̇　2̇ 3̇　2̇　2̇ 1̇ 1̇ 6 | 6 — — 1̇

1.北　京的金　山上　光芒　照四　　方,
2.北　京的金　山上　光芒　照四　　方,

3̇　2̇ 1̇ 6̇ 1̇　2̇ 3̇ | 6　1̇ 2̇　6　6 5 5 3 | 3 — — —

毛　主席就　是　金色的太　　　　阳。
毛　泽东思想　哺育我们成　　　　长。

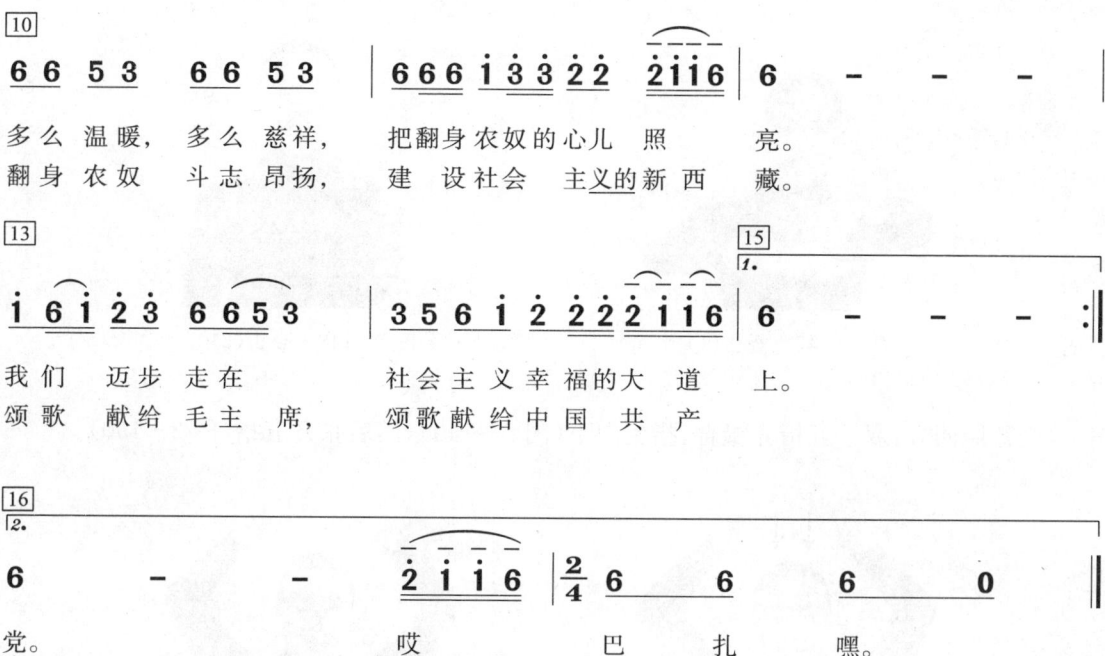

多么温暖，多么慈祥，把翻身农奴的心儿照亮。
翻身农奴斗志昂扬，建设社会主义的新西藏。

我们迈步走在　社会主义幸福的大道上。
颂歌献给毛主席，颂歌献给中国共产

党。　　　　哎　巴扎嘿。

第一段

第1—3节：前奏。

第4—6节：北京（的）金山（上）光芒照四方。

北京：右手伸食指、中指自左肩部（图2-145）斜划向右腰（图2-146）。

图2-145　北京（1）

图2-146　北京（2）

金山：(1) 左手握拳，手背向上，右手食指在左手无名指根部点一下，以金戒指表示金（图2-147）；(2) 一手拇指、食指、小指直立，手背向外，仿"山"字形（图2-148）。

图2-147 金山(1)

图2-148 金山(2)

光芒照四方:双手五指先撮合,指尖向下(图2-149),然后张开五指(图2-150)。

图2-149 光芒照四方(1)

图2-150 光芒照四方(2)

第7—9节:毛主席(就)是金色(的)太阳。

毛主席:(1)左手中指、无名指、小指横伸,右手食指在左手三指上书空"乚",仿"毛"字形(图2-151);(2)右手伸拇指于胸部(图2-152);(3)一手伸拇指、食指、中指,食指、中指直立,拇指尖抵于前额(图2-153)。

图2-151 毛主席(1)

图2-152 毛主席(2)

图2-153 毛主席(3)

是:一手食指、中指相叠,由上向下挥动(图2-154)。

金色:同图2-147手语翻译。

太阳:双手拇指、食指搭成大圆形,从身体右侧向头顶做弧形移动,如太阳升起(图2-155)。

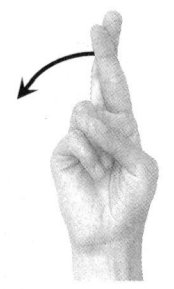
图 2-154 是

图 2-155 太阳

第 10 节：多么温暖，多么慈祥。

多么：一手侧立，五指分开，向外略抖动几下（图 2-156）。

温暖：双手横伸，五指微屈，掌心向上，由腹部慢慢移到胸部（图 2-157）。

多么：同图 2-156 手语翻译。

图 2-156 多么

图 2-157 温暖

慈祥（老人笑）：（1）一手张开，在颏下做捋胡须动作，以长胡须来表示老人（图 2-158）；（2）然后双手食指搭成"人"字形（图 2-159）；（3）一手拇指、食指微弯置于颌部，脸露笑容（图 2-160）。

图 2-158 老人笑（1）

图 2-159 老人笑（2）

图 2-160 老人笑（3）

第 11—12 节：（把）翻身农奴（的）心（儿）照亮。

翻身农奴：（1）一手平伸，掌心向下（图 2-161）再翻转为掌心向上（图 2-162）；（2）双手掌心向内,贴于胸部,向下略移,表示身体(图2-163);(3)双手五指弯曲,掌心向下,一前一后,前后移动几下,如耙田的动作(图2-164);(4)左臂屈肘,右手五指贴在左臂肘部摸几下(图2-165)。

  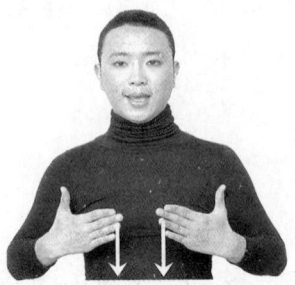

图2-161　翻身农奴(1)　　　图2-162　翻身农奴(2)　　　图2-163　翻身农奴(3)

图2-164　翻身农奴(4)　　　　　　图2-165　翻身农奴(5)

心:双手拇指、食指搭成心形,贴于胸部(图2-166)。

照亮:双手五指相捏,指尖相对(图2-167),然后分别向两侧上方移动,并张开五指,表示有光亮(图2-168)。

图2-166　心　　　　　图2-167　照亮(1)　　　　图2-168　照亮(2)

第13—15节:我们迈步(走在)社会主义幸福(的)大道(上)。

我们:(1)一手食指指自己(图2-169);(2)一手横伸,掌心向下,在胸前顺时针平行转半圈(图2-170)。

迈步：双手平伸，掌心向下，在胸前交替向前移动（图2-171）。

图2-169 我们(1)

图2-170 我们(2)

图2-171 迈步

社会主义：(1) 左手五指撮合，指尖向上，右手食指指尖向下绕左手转一圈（图2-172）；(2) 一手伸出拇指，贴于胸部（图2-173）；(3) 一手伸食指横伸（图2-174）。

图2-172 社会主义(1)

图2-173 社会主义(2)

图2-174 社会主义(3)

幸福大道：(1) 一手打手指字母"X"的指式，并贴于胸部绕一圈（图2-175）；(2) 双手侧立，掌心相对，相距约40厘米，向前伸出（图2-176）。

图2-175 幸福大道(1)

图2-176 幸福大道(2)

第二段

第1—3节：前奏。

第4—6节：北京(的)金山上光芒照四方。

同第一段第4—6节手语翻译。

第7—9节：毛泽东思想哺育我们成长。

毛泽东（毛主席）：同图2-151、图2-152、图2-153手语翻译。

思想：一手伸食指于太阳穴处，并转动几下，面露思考状（图2-177）。

哺育（教育）：双手五指撮合，指尖相对，手背向外，前后略动几下（图2-178）。

图2-177 思想

图2-178 教育

我们：同图2-169、图2-170手语翻译。

成长：一手平伸，掌心向下（图2-179），向上移动（图2-180）。

图2-179 成长(1)

图2-180 成长(2)

第10节：翻身农奴斗志昂扬。

翻身农奴：同图2-161、图2-162、图2-163、图2-164、图2-165手语翻译。

斗志昂扬（雄心）：(1) 双手握拳屈肘，然后向下一顿（图2-181）；(2) 双手拇指、食指搭"♡"成置于胸部（图2-182）。

图2-181 雄心(1)

图2-182 雄心(2)

第11—12小节：建设社会主义(的)新西藏。

建设：双手五指成"[ ]"形（图2-183），交替上叠（图2-184），如砌砖动作，引申为建设。

图2-183 建设(1)

图2-184 建设(2)

社会主义：同图2-172、图2-173、图2-174手语翻译。

新西藏：(1) 左手横伸，掌心向下，右手伸出拇指，从左手手背上向外划动（图2-185）；(2) 右手横立，指尖向左（图2-186）；(3) 左手横伸，手背拱起，掌心向下，右手平伸，掌心向下，插入左手掌内（图2-187）。

图2-185 新西藏(1)

图2-186 新西藏(2)

图2-187 新西藏(3)

第13节：颂歌献给毛主席。

颂歌：(1) 双手向前伸出拇指（图2-188）；(2) 一手食指指尖抵于喉部，口略张开，头向两侧略摆，模仿唱歌状（图2-189）。

图2-188　颂歌(1)　　　　　　　　图2-189　颂歌(2)

献给：双手五指虚握，掌心向上（图2-190），边向外移动边张开手（图2-191）。

图2-190　献给(1)　　　　　　　　图2-191　献给(2)

毛主席：同图2-151、图2-152、图2-153手语翻译。

第14、16、17节：颂歌献给中国共产党，（哎，巴扎嘿）。

颂歌：同图2-188、图2-189手语翻译。

献给：同图2-190、图2-191手语翻译。

中国共产党：(1) 一手伸食指，自咽喉部向下顺肩胸部至右腰部划下，以民族服装旗袍的前襟线表示中国（图2-192）；(2) 双手食指、中指搭成"共"字形，右手指向下碰三下左手指（图2-193）。

图2-192　中国共产党(1)　　　　　图2-193　中国共产党(2)

第三章 蒙古族民间手语舞蹈

蒙古族民间手语舞蹈是指手语和蒙古族民间舞蹈通过相互间的接触、交流进而相互吸收、渗透、融为一体的艺术形式。蒙古族自古有着"马背民族"之称,他们继承和发展了北方游牧民族的文化,并且融入了汉文化、佛教文化、西域中亚文化的精髓,形成了独具特色的以游牧为主的草原文化。蒙古族民间舞蹈受草原文化的影响,舞蹈风格彪悍矫健、奔放热烈,舞蹈形式丰富多样,有模拟动物和生产、生活场景的马术舞、挤奶舞、剪羊毛舞、摔跤舞,有自娱自乐的盅腕舞、筷子舞等,每种舞蹈都有其深远的历史背景及深邃的文化内涵,[1]处处渗透并彰显蒙古族人民崇尚自然、崇尚质朴的审美意识,以及豁达豪放、顽强坚韧、深沉含蓄的民族精神。本章主要探究手语在蒙古族民间舞蹈中的艺术转化。

蒙古族民间手语舞蹈以硬腕、硬肩、柔肩、甩肩、碎抖肩、弹拨手、甩手、柔臂、软手以及马姿、马步之间的变化为特征,舞姿流动多强调呼吸贯穿,无论是交错扭动的腰部画圆,还是静止状态的马姿造型,还是奔腾不止的马步动态,都形象地折射出女子舞蹈端庄典雅、内敛柔曼,男子舞蹈粗犷豪迈、厚重深沉的风格特征。这些舞蹈风格特征是对蒙古族人民性格和气质的凝练和升华,在构建蒙古民族精神气节的同时,也构建了蒙古族民间手语舞蹈独特的手舞语汇。

第一节 基本动作[2][3]

蒙古族民间舞蹈的基本体态、基本手形、手位、脚位、基本动律、常用手腕、手臂、肩部动作、基本步法等构成蒙古族民间手语舞蹈创作的基本动作素材。基本体态包括女子体态和男子体态;基本手形包括自然掌、平掌手、空心拳、拇指冲和持鞭手;基本手位包括叉腰手、按手、端手、单手勒马式、扬鞭勒马式等;基本脚位包括正步、大八字步、屈膝前点步、屈膝斜前点步等;基本动律包括划圆动律、拧转动律、提压动律、横摆动律等;常用手腕动作包括硬腕和交替硬腕;手臂动作包括柔臂、软手、弹拨手和甩手;肩部动作包括硬肩、柔肩、绕肩、碎抖肩;基本步法包括踏步、平步、屈膝前点步、垫步、马步、跺掌步等。

---

[1] 罗雄岩.中国民族民间舞蹈文化教程[M].上海:上海音乐出版社,2001:194—200.
[2] 韩萍,郭磊.中国少数民族民间舞教程[M].北京:高等教育出版社,2004:93—109.
[3] 贾安林,钟宁.中国民族民间舞初级教程[M].上海:上海音乐出版社,2004:172—218.

一、基本体态

(一) 女子体态

做法:站右踏步,双手胯前按手,提胯、立腰、拔背,身体向左横拧,眼看左斜上位(图3-1)。

(二) 男子体态

做法:站大八字步,右平开手,左扶胯手,挺胸、拔背,眼看左斜上位(图3-2)。

图3-1

图3-2

二、基本手形、手位、脚位

(一) 手形

1. 自然掌

做法:五指自然张开平伸(图3-3)。

2. 平掌手

做法:四指并拢平伸,虎口自然张开(图3-4)。

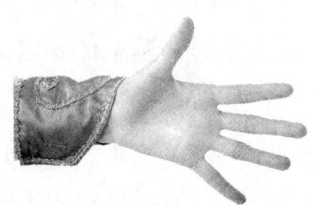
图3-3

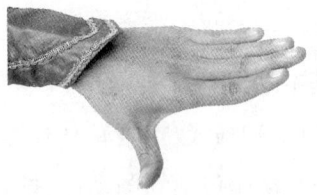
图3-4

3. 空心拳

做法:空心握拳,拇指按于食指第一骨节处(图3-5)。

4. 拇指冲

做法:在空心拳的基础上,拇指伸直(图3-6)。

5. 持鞭手

做法:在空心拳的基础上,拇指按于中指第一骨节处,食指伸直(图3-7)。

图3-5

图3-6

图3-7

(二) 手位

1. 叉腰手

做法:拇指冲叉于腰两侧,手腕自然下压(图3-8)。

2. 按手

做法:平掌手,掌心向下(图3-9)。

3. 端手

做法:平掌手,掌心向上(图3-10)。

图3-8

图3-9

图3-10

4. 前斜下手

做法:双手于体前斜下方平伸,与肩同宽(图3-11)。

5. 斜下手

做法:双手于体侧斜下方45度伸直(图3-12)。

6. 平开手

做法：双臂于体侧平伸（图 3-13）。

图 3-11　　　　　图 3-12　　　　　图 3-13

7. 斜上手

做法：双手于体前斜上方伸出（图 3-14）。

8. 点肩手

做法：双手中指点肩，屈臂与肩平（图 3-15）。

图 3-14　　　　　图 3-15　　　　　图 3-16

9. 单手勒马式（以右为例）

做法：左手拇指冲叉腰，右手握空心拳、压腕于体前，沉肘（图 3-16）。

10. 双手勒马式

做法：双手握空心拳，右手在左手前方，拳眼相对（图 3-17）。

11. 扬鞭勒马式（以右为例）

做法：右持鞭手于后斜上方，左单手勒马式，身体后仰（图 3-18）。

12. 抽鞭勒马式

做法：右持鞭手于后斜上方，左单手勒马式，身体前俯（图 3-19）。

13. 绕鞭勒马式

做法：右持鞭手于后斜上方由外向内绕鞭，左单手勒马式。

图 3-17

图 3-18

图 3-19

（三）脚位

1. 正步

做法：双脚自然并拢（图 3-20）。

2. 大八字步

做法：在小八字步基础上，双脚打开约一脚距离（图 3-21）。

3. 屈膝前点步（以左为例）

做法：右脚站小八字步，左脚掌于右脚前方点地，双膝略屈，重心后靠（图 3-22）。

图 3-20

图 3-21

图 3-22

4. 屈膝斜前点步（以左为例）

做法：右脚站小八字步，双膝略屈，左脚掌于左脚前方点地（图 3-23）。

5. 旁点步（以左为例）

做法：右脚站小八字步，左脚掌于旁点地（图 3-24）。

6. 踏步(以左为例)

做法:右脚站小八字步,左脚掌于右脚后方点地(图3-25)。

图 3-23

图 3-24

图 3-25

三、基本动律

(一) 划圆动律

节拍:2/4　两拍完成

准备:站正步,双点肩手。

1—2:以腰部发力由左肘带动向后经下划圆,顺势拧腰(图3-26)。

(二) 拧转动律

节拍:2/4　两拍完成

准备:体对7点,站右踏步,双手于胸前端手,眼看左斜上位。

1—:身体右拧对3点,双手下压至胯旁按手,眼看右斜上位。

图 3-26

2—:身体右拧对7点,双手于胸前端手,眼看左斜上位。

(三) 提压动律

节拍:4/4　四拍完成

准备:站右踏步,左斜下手压腕,右斜上手提腕(图3-27),眼看右斜上位。

1—2:提左肋,压右肋,左手提腕至斜上手,右手压腕至斜下手(图3-28),眼看左斜上位。

3—4:做第1—2拍反面动作。

图 3-27　　　　　　　　图 3-28

（四）横摆动律

节拍:4/4　四拍完成

准备:体对 1 点,站大八字步,双手空心拳于体旁提肘成圆弧形。

1—:右肋带动身体向右横移,重心移至右脚,同时身体左拧对 8 点,眼看左斜上位。

2—:回到准备姿态。

3—4:做第 1—2 拍反面动作。

（五）点顿动律

准备:基本体态。

做法:腰部动态突然静止、停顿。

四、常用手腕、手臂、肩部动作

（一）手腕

1. 硬腕

节拍:2/4　两拍完成

准备:双平掌手于前斜下位。

1—:双手臂向上略抬,手腕有弹性的上提（图 3-29）。

2—:双臂向下略沉肘,手腕有弹性的下压（图 3-30）。

2. 交替硬腕

节拍:2/4　两拍完成

准备:双平掌手于前斜下位。

1—:右手提腕,左手压腕（图 3-31）。

2—:做第 1 拍反面动作（图 3-32）。

图 3-29

图 3-30

图 3-31

图 3-32

（二）手臂

1. 柔臂

节拍:4/4　八拍完成

准备:双平掌手,左斜上手提腕,右斜下手压腕。

1—4:左手压腕至斜下手,右手提腕至斜上手;经肩带动大臂、小臂、延伸至手腕、指尖呈连绵不断的大波浪运动。

5—8:做第1—4拍反面动作。

2. 软手

节拍:4/4　四拍完成

准备:基本体态。

1—4:自然手或平掌手,连续压腕、提腕,呈连绵不断的小波浪运动。

3. 弹拨手

节拍:2/4　两拍完成

准备:双手于胸前端手。

1—:小指外侧带动发力,经下弧线向外弹拨至掌心向外。

2—:小指外侧带动发力,经小的下弧线向内弹拨至掌心向内。

4. 甩手

节拍:2/4　两拍完成

准备:基本体态。

1—:以腰为轴,肩部撞出反弹力带动肘、手腕经下弧线向胸前拨回至端手。

2—:经端手向外拨出至斜上手。

(三)肩部

1. 硬肩

节拍:2/4　四拍完成

准备:双手拇指冲叉腰,左肩向前、右肩向后。

1—2:右肩有弹性地向前,同时左肩有弹性地向后。

3—4:做第1—2拍反面动作。

2. 柔肩

节拍:2/4　四拍完成

准备:双手拇指冲叉腰,左肩向前、右肩向后。

1—2:右肩柔韧地向前,同时左肩柔韧地向后。

3—4:做第1—2拍反面动作。

3. 绕肩

节拍:2/4　两拍完成

准备:双手拇指冲叉腰。

1—2:双肩做向上、向后、向下、向前的绕立圆运动。

4. 碎抖肩

准备:双手拇指冲叉腰。

做法:肩胛快速抖动。

5. 笑肩

准备:双手拇指冲叉腰。

做法:双肩略上提,快速落下,重拍向下。

五、基本步法

(一)平步

准备:站小八字步,双手拇指冲叉腰。

女子做法:双膝略屈,双脚掌交替踮脚蹭地行进。

男子做法:双脚平稳迈出,膝部松弛。

(二) 蹉步（以右为例）

节拍：2/4　两拍完成

准备：站小八字步，双手拇指冲叉腰。

1—：右、左脚先后前迈推地跳起一次。

Da—：左脚落地。

2—：右脚落地。

(三) 垫步（以右为例）

节拍：2/4　两拍完成

准备：站小八字步，双手拇指冲叉腰。

1—：右脚前迈一步。

Da—：左脚迅速跟上成左踏步。

2—：右脚前迈一步。

(四) 跟步（以右为例）

准备：站小八字步，双手拇指冲叉腰。

做法：右脚前迈一步，左脚迅速跟上成左踏步。

(五) 马步

1. 原地立掌步

准备：站正步，左脚前踢25度。

做法：左脚收回成正步，右脚跟快速抬起，交替进行。

2. 移动立掌步

准备：站正步，左脚前踢25度。

做法：左脚前迈一步，右脚迅速跟至左脚踝处，交替进行。

(六) 跺掌步

节拍：4/4　四拍完成

准备：站小八字步，双手勒马式。

1—：右脚掌向前方点地，眼看右斜下位。

2—：压右脚跟。

3—4：做第1—2拍反面动作。

(七) 碎跺步

准备：双脚前掌前后踮脚。

做法：双脚交替跺地。

（八）倒换步

1. 单进单退（以右为例）

节拍：2/4　四拍完成

准备：站小八字步，左单手勒马式。

1—：右脚前迈一步，左脚抬至右小腿处，膝略开。

2—：左脚落地，右脚略抬，膝略开。

3—：右脚后撤一步，左脚略抬，膝略开。

4—：左脚落地，右脚略抬至左小腿处，膝略开。

2. 双进双退（以右为例）

节拍：2/4　四拍完成

准备：站小八字步，左单手勒马式。

1—2：快一倍速度做右单进单退第1—2拍动作两次。

3—4：快一倍速度做右单进单退第3—4拍动作两次。

（九）跑马步

节拍：2/4　两拍完成

准备：抽鞭勒马式，左脚前踢25度。

1—：左脚收回至左、右点地。

Da—：左脚点地屈膝，右脚前踢25度。

2—Da：做第1—Da反面动作。

（十）摔跤步

节拍：2/4　两拍完成

准备：站大八字步。

1—：双脚同时跳起。

Da—：右脚落地。

2—Da：做1—Da反面动作。

第二节　女子实例《赞歌》

女子实例《赞歌》舞蹈音乐选自内蒙古科尔沁民歌《正月马》，由胡松华作词并演唱，曲调既具有颂歌热烈高昂的气质，同时也具有蒙古长调的典型特点，历经半个多世纪，其独特魅力及艺术价值令其传唱至今。该实例根据歌词意境，以一种当代人的实践精神去探究新中国诞生时蒙古族人民内心的激情，由此可以穿越时空的界限，通过饱满的手舞语汇和延绵的律动方式将蒙古族人民翻身解放后对伟大祖国的赞颂和感激之情释放出来。这种情感不仅限于那个特定时期,它还具有深远的意蕴。

　　该实例上肢舞蹈动态创作抓住了蒙古族舞蹈最典型的手腕和手臂舞蹈动势,精炼而生动的手舞语汇在"缓"、"急"、"顿"的动作效果上力求鲜明的对比,突出表现了特定历史时期蒙古族人民对新中国炽热的情感。譬如:在第1—2节"从草原(来)到天安门广场"中,将"图3-33从"、"图3-34草原(1)"、"图3-35草原(2)"、"图3-36到"的手语释义艺术转化为"双手经胸前左起交替提压腕一次做'图3-42从草原(1)'至双手单指右起交替提压腕一次做'图3-43从草原(2)'至左起交替提压腕一次成左手提腕于左胯前平行转一周、右压腕做'图3-44从草原(3)'、经左肩前右端手提腕一次向2点延伸做'图3-45到'"的上肢舞蹈动态,其创作特点是把手语和提压腕动作进行巧妙的结合,不仅发挥出蒙古族女子舞蹈手腕动作的特质,也表达出蒙古族人民来到天安门广场时的心情;接着,将"图3-37天安门(1)"、"图3-38天安门(2)"、"图3-39天安门(3)"的手语释义艺术转化为"左起柔臂做'图3-46天安门(1)'至胯前右起交替提压腕一次做'图3-47天安门(2)'至双手于胸前提压腕一次做'图3-48天安门(3)'"的上肢舞蹈动态,向天空延展的柔臂,好像雄鹰凌空翱翔,彰显出蒙古族人民面对新生活蓬勃向上的民族精神风貌;随后,将"图3-40广场(1)"、"图3-41广场(2)"的手语释义艺术转化为"双手经体前向外弹拨手一次做'图3-49广场(1)'至向内弹拨手一次做'图3-50广场(2)'至向右翻转身一周、双手经体前向外弹拨手一次成右手压腕于左胯前向右抹一平圆做'图3-51广场(3)'"的上肢舞蹈动态,弹拨手动作的翻转把蒙古族人民对祖国的感激之情转换至重获新生后的喜悦之情,在身体翻转的瞬间喜悦之情立刻洋溢出来,将此处创作与特定历史时期社会现实联系起来,并放置于特定的手舞艺术文化中,使手语释义、蒙古族舞蹈风格、审美情趣得到整合和创新。

　　腰部舞蹈动态创作在拧转动律、提压动律、横摆动律和点顿动律之间变化的基础上将蒙古族女子纯朴、热情、端庄的民族性格展现出来,实现上肢舞蹈动态、腰部舞蹈动态、脚部舞蹈动态的协调统一。譬如:在第3—4节"高举金杯(把)赞歌唱"中,"图3-56高举酒杯"腰部舞蹈动态采用舒缓悠长的提压动律,将双端手经体前至头部正上位,高举酒杯热情好客的生活动态语言融入其中,使生活动作与腰部舞蹈动态衔接自然,达到生活和艺术的高度统一;接着,"图3-57赞歌唱(1)"腰部舞蹈动态采用干脆、细小的点顿动律,在碎抖肩动作应和下双手拇指冲经斜下甩手至斜上手,瞬间表达了为新生而歌、为祖国而舞的喜悦心情,既呈现出蒙古族舞蹈点顿动律、碎抖肩、甩手舞姿同步的合理性,又契合了此时此刻人物的心境,符合蒙古族手语舞蹈的审美取向;随后,"图3-58赞歌唱(2)"腰部舞蹈动态采用含蓄婉转的拧转动律,结合躯干部位的扭动,拓展了运动空间,配合碎步动作尽情展现了蒙古族人民对新生活的无限向往。

　　脚部舞蹈动态创作主要以踏步、屈膝前点步、平步、跟步等步法之间的变化为切入点,来反映草原人民柔中有刚、坚中有韧的品质，使脚部动作与手舞及腰部舞蹈动态达到有机的整合。譬如：在上述的第1—2节中，"图3-42 从草原(1)"、"图3-43 从草原(2)"、"图3-44从草原(3)"、"图3-45 到"以豪迈的踏步坚定不移地迈向天安门广场；接着，"图3-46 天安门(1)"的"左脚快速前迈一步成踮脚"气宇轩昂的脚部动作，好似摆脱地心引力而向上拼搏奋进，在"图3-47 天安门(2)"、"图3-48 天安门(3)"踏步屈伸膝与草原喃喃细语之下，营造出天地人和的自然景象；随后，"图3-49 广场(1)"沉稳有力的大踏步动作变化为"图3-50 广场(2)"、"图3-51 广场(3)"柔韧弹性的屈膝前点步，使舞姿贴近地面，同时结合腰部点顿和拧转动律再创造，较好地体现出以农牧生活动作为创作特色，在踏步和屈膝前点步的承接关系中，组成该作品的基本骨架，表现出蒙古族人民对美好生活的向往和憧憬。

赞 歌

内蒙古民歌
胡松华 词

[乐谱部分，歌词：英雄的祖国屹立在东方，像初升的太阳光芒万丈，各民族兄弟欢聚在一堂，庆贺我们的翻身解放。啊 咿啊 嗬 咿 嗬 嗬 咿！]

散板—啊：体对 3 点，平步，之字形路径成体对 5 点右踏步，双手经左起上下柔臂至胯前按手，眼看左斜上位。

第 1—2 节：从草原（来）到天安门广场。

从：双手食指、中指搭成"从"字形（图 3-33）。

草原：(1) 双手食指直立，上下交替动几下（图 3-34）；(2) 一手食指向下划一个大圆形（图 3-35）。

图 3-33 从

图 3-34 草原(1)

到：一手伸拇指、小指，向前做弧形移动，然后向下一顿（图 3-36）。

图 3-35 草原(2)

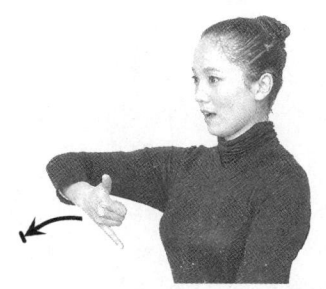
图 3-36 到

天安门：(1) 一手食指直立，在头前上方转一圈（图 3-37）；(2) 一手横伸，掌心向下，自胸部向下一按（图 3-38）；(3) 双手五指并拢，掌心向外，并排直立（图 3-39）。

图 3-37 天安门(1)

图 3-38 天安门(2)

图 3-39 天安门(3)

广场：(1) 双手侧立，掌心相对，从中间向两侧移动一下（图 3-40）；(2) 一手食指指尖向下划一个大圆圈（图 3-41）。

图 3-40 广场(1)

图 3-41 广场(2)

1—2 从草原：体对 1 点，左脚前迈一步成右踏步，同时点顿动律一次、右起拧转动律、硬肩三次，双手经胸前左起交替提压腕一次做"从草原(1)"（图 3-42）至双手单指右起交替提压腕一次做"从草原(2)"（图 3-43）至左起交替提压腕一次成左手提腕于左胯前平行转一周、右压腕做"从草原(3)"(图3－44)。

图3－42 从草原(1)　　　　　图3－43 从草原(2)

3—4 到：右脚前迈一步成左踏步，同时点顿、右起拧转动律、柔肩一次，经左肩前右端手提腕一次向2点延伸做"到"(图3－45)，左胯前按手。

图3－44 从草原(3)　　　　　图3－45 到

5—6 天安门：第5拍，左脚快速前迈一步成踏脚，同时左提压动律一次，左起柔臂做"天安门(1)"(图3－46)，Da拍，右脚快速后撤一步成右踏步，略屈膝，同时点顿、右拧转动律一次，胯前右起交替提压腕一次做"天安门(2)"(图3－47)；第6拍，右踏步伸膝，同时右起拧转动律一次，双手至胸前提压腕一次做"天安门(3)"(图3－48)。

图3－46 天安门(1)

图 3-47 天安门(2)

图 3-48 天安门(3)

7—8 广场：体对 2 点，左脚前迈一大步成右大踏步，同时右起拧转动律一次，双手经体前向外弹拨手一次做"广场(1)"(图 3-49)；至屈膝左前点步，双手经体前向内弹拨手一次做"广场(2)"(图 3-50)；向右翻转身一周成屈膝右前点步，同时点顿、右拧转动律一次，双手经体前向外弹拨手一次成右手压腕于左胯前向右抹一平圆至右胯前做"广场(3)"(图 3-51)。

图 3-49 广场(1)

图 3-50 广场(2)

图 3-51 广场(3)

第 3—4 节：高举金杯(把)赞歌唱。

高举金杯(高举酒杯)：双手伸出，掌心向内，两拇指指尖相触，其余四指并拢，右手手背搭在左手心上，如捧起酒杯状，经体前于头部正上方(图 3-52)。

赞歌唱：(1)一手伸拇指，向前一顿(图 3-53)；(2)双手鼓掌(图 3-54)；(3)一手食指指尖抵于喉部，口略张开，头向两侧略摆，模仿唱歌状(图 3-55)。

图 3-52 高举酒杯

图 3-53 赞歌唱(1)

图 3-54 赞歌唱(2)

图 3-55 赞歌唱(3)

1—2 高举酒杯：右脚对 8 点前迈一步成踏脚，向右转身，平步，后弧线，同时右提压动律一次，经体前双端手至头部正上位做"高举酒杯"（图 3-56）。

3—8 赞歌唱：第 3—4 拍，体对 5 点，右旁吸腿跳落一次成左前点步，同时点顿动律，碎抖肩，双手拇指冲经斜下甩手至斜上手做"赞歌唱(1)"（图 3-57）；第 5—8 拍，向右转身，碎步转两周，原地，同时左起拧转动律一次，右手单指至喉部提压腕一次做"赞歌唱(2)"（图 3-58），左手至体后端手，眼看右斜上位。

图 3-56 高举酒杯

图 3-57 赞歌唱(1)

图 3-58 赞歌唱(2)

第 5—6 节：感谢伟大领袖毛主席。

感谢:一手伸拇指,弯曲两下(图3-59)。

伟大:(1)双手伸出拇指,同时向上一举(图3-60);(2)双手侧立,掌心相对,同时向两侧大幅度移动(图3-61)。

领袖:(1)左手伸拇指,右手五指分开,掌心向下,双手同时向前移动(图3-62);(2)右手伸拇指于胸部(图3-63)。

图3-59 感谢　　　　　图3-60 伟大(1)　　　　　图3-61 伟大(2)

图3-62 领袖(1)　　　　　　　　图3-63 领袖(2)

毛主席:(1)左手中指、无名指、小指横伸,右手食指在左手三指上书写"乚",仿"毛"字形(图3-64);(2)右手伸拇指于胸部(图3-65);(3)一手伸拇指、食指、中指,食指、中指直立,拇指尖抵于前额(图3-66)。

图3-64 毛主席(1)　　　　图3-65 毛主席(2)　　　　图3-66 毛主席(3)

1—2感谢:右脚向8点前迈一步,左脚快速跟步成左踏步,同时点顿、左起拧转动律、硬肩一次,双手拇指冲经体前右起交替侧提压腕一次做"感谢(1)"(图3-67);至左踏步略屈膝、含身,同时点顿、右拧转动律、硬肩一次,左起交替侧提腕一次做"感谢(2)"(图3-68);至2Da拍踮脚、立身、同时点顿、右拧转动律、硬肩一次,右起交替侧提压腕一次做"感谢(3)"(图3-69)。

图3-67 感谢(1)　　　图3-68 感谢(2)　　　图3-69 感谢(3)

3— 伟大:左踏步屈膝,含身,同时点顿、右拧转动律、硬肩一次,双手拇指冲经体前左起交替侧提腕一次做"伟大(1)"(图3-70),至左踏步向左转身一周,同时左拧转动律、硬肩一次,双手经体前提压腕一次至平开手做"伟大(2)"(图3-71)。

4— 领袖:体对2点,右踏步全蹲,同时右起拧转动律、柔肩一次,左手拇指冲、右自然手按经头部正上位左起交替提压腕一次向前延伸做"领袖"(图3-72),低头行礼。

图3-70 伟大(1)　　　图3-71 伟大(2)　　　图3-72 领袖

5—8 毛主席:第5—6拍,起身,右踏步,同时右起拧转动律、硬肩一次,经体前左起交替侧提压腕一次做"毛主席(1)"(图3-73)至右踏步略屈膝、右起交替侧提腕一次做"毛主席

(2)"(图 3-74),至 6Da 拍踮脚、立身、左起交替侧提压腕一次做"毛主席(3)"(图 3-75),同时点顿、左拧转动律、硬肩一次;第 7—8 拍,右踏步屈膝,同时点顿、左拧转动律、柔肩一次,右手拇指冲经胸前侧提腕做"毛主席(4)"(图 3-76),至右踏步全蹲,同时右拧转动律、柔肩一次,右手至额前压腕做"毛主席(5)"(图 3-77)。

图 3-73 毛主席(1)

图 3-74 毛主席(2)

图 3-75 毛主席(3)

图 3-76 毛主席(4)

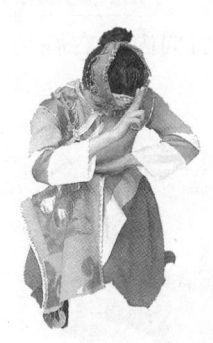

图 3-77 毛主席(5)

第 7—8 节:感谢伟大(的)共产党。

感谢:同图 3-59 手语翻译。

伟大:同图 3-60、图 3-61 手语翻译。

共产党:双手食指、中指搭成"共"字形,右手指向下碰三下左手指(图 3-78)。

1—2 感谢伟大:做图 3-67、图 3-68、图 3-69、图 3-70、图 3-71 反面手语舞蹈动作。

图 3-78 共产党

3—8 共产党:第3—5拍,右脚前迈一步成左单腿立跪,同时右起拧转动律、柔肩三次,经体前左起交替提压腕三次做"共产党(1)"(图3-79);第6—8拍,左单腿略坐跪,点顿、右拧转动律、柔肩,右起交替提压腕一次落至右膝做"共产党(2)"(图3-80),上身渐俯、低头行礼。

图3-79 共产党(1)   图3-80 共产党(2)

第9—10节:英雄(的)祖国屹立(在)东方。

英雄:(1)双手拇指、食指搭成圆形于腹部,然后向两侧拉开,表示勇敢(图3-81);(2)右手虚握,手背向内于右胸部(图3-82),然后放开五指,象征佩戴的光荣花(图3-83)。

图3-81 英雄(1)   图3-82 英雄(2)   图3-83 英雄(3)

祖国:(1)一手食指直立于胸部(图3-84);(2)一手打手指字母"G"的指式,并顺时针平行转一圈(图3-85)。

图3-84 祖国(1)

图3-85 祖国(2)

屹立(耸立):(1)双手直立,掌心相对,由下向上移动(图3-86);(2)左手横伸,右手食指、中指分开,指尖向下立于左手掌心上(图3-87)。

东方:掌心向前,指尖向右(图3-88)。

图3-86 耸立(1)

图3-87 耸立(2)

图3-88 东方

1—2 英雄:向3点跪转身成左单腿立跪,体对1点,同时点顿动律、硬肩,双手经胸前提压腕一次向两侧延伸做"英雄(1)"(图3-89),至左单腿略坐跪、右肩前握空心拳做"英雄(2)"(图3-90),至左单腿立跪、自然掌做"英雄(3)"(图3-91)、同时点顿、右起拧转动律、柔肩一次。

图3-89 英雄(1)

图3-90 英雄(2)

图3-91 英雄(3)

3—4 祖国：左单腿立跪，同时点顿、右拧转动律、柔肩一次，右手单指经胸前提压腕一次做"祖国(1)"(图 3-92)，至左单腿略坐跪，同时点顿、左拧转动律、柔肩一次，右手单指提腕顺时针平行转一周做"祖国(2)"(图 3-93)，左手扶膝，上身渐俯。

图 3-92 祖国(1)

图 3-93 祖国(2)

5—6 屹立(耸立)：体对 1 点，快速起身，右起平步四次，前行，同时点顿动律一次，左起硬肩四次，经体前右提腕、左端手延伸至头部正上位做"耸立"(图 3-94)。

7—8 东方：第 7 拍，右脚向 8 点前迈一步成左大踏步屈膝，同时左横摆动律、硬肩一次，右平开手、左肩前手右起交替提压腕两次做"东方"(图 3-95)，眼看右旁中位；第 8 拍，左踏步屈膝，向左快速转身成体对 2 点，同时右起拧转动律一次，右平开手、左肩前手右起交替提压腕一次。

图 3-94 耸立

图 3-95 东方

第 10—12 节：像初升(的)太阳光芒万丈。

像：一手食指、中指直立，掌心向外，向脸颊部碰一下(图 3-96)。

初升太阳：双手伸拇指、食指，虎口相对于身体右侧然后缓缓向上移动，不过头顶，表示初升的太阳（图3-97）。

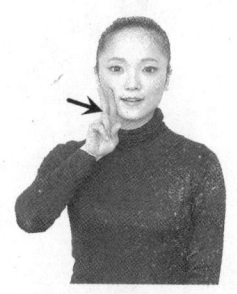

图3-96　像

图3-97　初升太阳

光芒万丈：双手五指先撮合，指尖向下（图3-98），然后用力张开五指，表示太阳的万丈光芒（图3-99）。

图3-98　光芒万丈（1）

图3-99　光芒万丈（2）

Da— 像：右大踏步，屈膝，同时左拧转动律、硬肩一次，右手于右脸颊旁、左平开手左起交替提压腕一次做"像"（图3-100），眼看左旁中位。

1—2 初升太阳：左起平步，向右前弧线，同时左起拧转动律，双手经左起上弧线至头部正上位做"初升太阳"（图3-101）。

图3-100　像

图3-101 初升太阳　　　　图3-102 光芒万丈

3—8 光芒万丈：平步，经前弧线成体对5点，点顿动律，碎抖肩，双手自然掌经斜下甩手至斜上手抖动做"光芒万丈"（图3-102），眼看正上位。

第13—14节：各民族兄弟欢聚（在一堂）。

各民族：(1) 一手食指直立，向一侧一顿一顿移动几次（图3-103）；(2) 双手食指搭成"人"字形，并顺时针转一圈（图3-104）；(3) 一手五指分开，指尖向上（图3-105），然后撮合，表示一个组合的单位（图3-106）。

图3-103 各民族(1)

图3-104 各民族(2)　　　图3-105 各民族(3)　　　图3-106 各民族(4)

兄弟（同胞）：(1) 一手食指、中指横伸并分开，指尖向左，手背向上，在胸前平行移动一下（图3-107）；(2) 双手伸拇指，互相靠拢并左右略动（图3-108）。

图 3-107 同胞(1)

图 3-108 同胞(2)

欢聚:(1) 双手横伸,掌心向上,在胸前上下交替移动,面露笑容(图 3-109);(2) 双手直立,五指略屈,掌心相对,从两侧向中间合拢(图 3-110)。

图 3-109 欢聚(1)

图 3-110 欢聚(2)

1—2 各民族:向左转身,右脚向 8 点前迈一步成左踏步,点顿、右起拧转动律、硬肩一次,左平开手、右手单指经胸前右起交替提压腕一次做"各民族(1)"(图 3-111);至左踏步屈膝,点顿、左起拧转动律一次,双手于胸前提压腕一次顺时针转一圈做"各民族(2)"(图 3-112);至左踏步伸膝,右平开手掌心向上扩指做"各民族(3)"(图 3-113)至左踏步屈膝、提腕成五指撮合做"各民族(4)"(图 3-114),同时点顿、左起拧转动律一次。

图 3-111 各民族(1)

图 3-112 各民族(2)

图 3-113　各民族(3)　　　　　图 3-114　各民族(4)

3—4 兄弟(同胞)：第 3 拍，重心后移成屈膝右前点步，同时右起拧转动律一次，双手拇指冲至胸前端手提压腕一次做"同胞(1)"(图 3-115)；第 4 拍，重心前移成左大踏步屈膝，同时左起拧转动律一次，双手拇指冲提腕一次于顺时针转半圈做"同胞(2)"(图 3-116)。

图 3-115　同胞(1)　　　　　图 3-116　同胞(2)

5—8 欢聚：第 5—6 拍，重心后移成屈膝右前点步，同时左起拧转动律一次，经胸前双端手右起交替提压腕四次做"欢聚(1)"(图 3-117)；第 7—8 拍，平步，向左转身，后弧线，同时右起拧转动律，双手经平开手至胸前掌心相对提压腕一次做"欢聚(2)"(图 3-118)。

图 3-117　欢聚(1)　　　　　　图 3-118　欢聚(2)

第 15—16 节:庆贺我们(的)翻身解放。

庆贺:(1) 双手鼓掌(图 3-119);(2) 双手抱拳,前后略动几下(图 3-120)。

图 3-119　庆贺(1)　　　　　　图 3-120　庆贺(2)

我们:(1) 一手食指指向自己(图 3-121);(2) 一手横伸,掌心向下,在胸前顺时针平行转半圈(图 3-122)。

图 3-121　我们(1)　　　　　　图 3-122　我们(2)

翻身:(1) 一手平伸,掌心向下(图 3-123)再翻转为掌心向上(图 3-124);(2) 双手掌心向内,贴于胸部,向下略移,表示身体(图 3-125)。

图 3-123　翻身(1)　　　　图 3-124　翻身(2)　　　　图 3-125　翻身(3)

解放：双手握拳向下，手腕相贴(图 3-126)，然后张开五指成摊手，象征挣脱镣铐获得自由(图 3-127)。

图 3-126　解放(1)　　　　　　　图 3-127　解放(2)

1—2 庆贺我们：第 1 拍，右脚向 8 点前迈一步成左大踏步屈膝，同时点顿、右拧转动律一次，笑肩，双手经胸前右按手、左端手鼓掌做"庆贺(1)"(图 3-128)，至左大踏步屈伸膝、抱拳做"庆贺(2)"(图 3-129)；第 2 拍，重心后移成屈膝右前点步，同时点顿、右起拧转动律两次，笑肩，经右平掌手提压腕一次至扶胸手做"我们(1)"(图 3-130)至胸前右提压腕一次至平开手做"我们(2)"(图 3-131)。

图 3-128　庆贺(1)　　　　　　图 3-129　庆贺(2)

图 3-130　我们(1)　　　　　图 3-131　我们(2)

3— 翻身：向左翻转身，体对 2 点，左脚前迈一步成右大踏步屈膝，同时右起拧转动律一次，双手经体前向外弹拨手一次做"翻身(1)"（图 3-132）；至屈膝左前点步，双手经体前向内弹拨手一次做"翻身(2)"（图 3-133）。

图 3-132　翻身(1)　　　　　图 3-133　翻身(2)

4—8 解放：踮脚，双手经体前实心拳交叉手做"解放(1)"（图 3-134），同时点顿动律；至平步，向左前弧线，同时右起拧转动律，双手至斜上手扩指做"解放(2)"（图 3-135）。

第 17—22 节：(啊嗬咿)。

1—24：体对 3 点，平步，之字形，左起上下柔臂，下场。

图 3-134　解放(1)　　　　　　图 3-135　解放(2)

第三节　男子实例《游牧人》

男子实例《游牧人》舞蹈音乐选自腾格尔专辑《狼》，由乌·纳钦作词，腾格尔作曲，歌曲高亢，苍劲有力，传颂着蒙古族人民与草原共生的坚强、勇敢。该实例以歌词内容为创作背景，力求与蒙古族逐水草而居的马背生涯紧密相连，充分展现了与生产、生活相关联的骑马、套马、摔跤等策马扬鞭、激情奔放的舞蹈风格，以及蒙古族人民豪情倔强、英姿飒爽的民族气质。

该实例上肢舞蹈动态创作融会了持鞭手、提压腕、单手勒马式、绕鞭勒马式、抽鞭勒马式、柔臂、软手、甩手、柔肩等基本手形、手位、常用手腕、手臂、肩部动作，将手语释义加以提炼和艺术发展，紧紧围绕蒙古族人民生命本真和自然情怀，从该民族性格特征出发，使上肢舞蹈动态符合蒙古族人民尊重自然、崇拜祖先、洒脱傲岸的主体精神。譬如：在第一段第1—8节"赶着马群纵横(在)蓝天下，唱(着牧)歌(放情在)山水间"中，将"图3-136 骏马奔驰"、"图3-137 天空下(1)"、"图3-138 天空下(2)"、"图3-142 唱歌"、"图3-143 山水间(1)"、"图3-144 山水间(2)"、"图3-145 山水间(3)"的手语释义艺术转化为"右绕鞭勒马式做'图3-139 骏马奔驰天空下(1)'至右抽鞭勒马式做'图3-140 骏马奔驰天空下(2)'至右抽鞭勒马式做'图3-141 骏马奔驰天空下(3)'至左单手勒马式右手单指提压腕两次指喉部做'图3-146唱歌'至右掌心向内立掌经胸前上穿手做'图3-147 山水间(1)'至右平掌手提压腕一次做'图3-148 山水间(2)'"等上肢舞蹈动态，从"绕鞭勒马式"、"抽鞭勒马式"、"单手勒马式"等动作继承了蒙古族在长期的生产、生活中发展并创造的重心后靠、身体稳健、悠然自得的马姿和动势，"手舞"作为贯穿上肢舞蹈动态的内核，加强了马姿动态和情感的联系，彰显了蒙古族人民感念家乡山水、顺应自然、歌颂自然、豁达潇洒的情怀。再如：在第18—21节"(千万里)山川涌动(着)你(的)澎湃"中，将"图3-178 山川(1)"、"图3-179

山川(2)"、"图3-180涌动(1)"、"图3-181涌动(2)"、"图3-182你"、"图3-183澎湃"的手语释义艺术转化为"双手掌形经上分手至斜上手做'图3-184山川(1)'至双甩手成右斜上、左平开手做'图3-185山川(2)'至斜下双甩手于平开手做'图3-186山川(3)'、经双甩手成右斜上、左平开手做'图3-187涌动(1)'至空心拳于胸前架肘交替转动做'图3-188涌动(2)'、经斜下双甩手成左肩前按手、右斜上端手做'图3-189你'至双软手经胸前于斜上手做'图3-190澎湃'"的上肢舞蹈动态,这是一个反复使用"甩手"张弛对比变化所构成的舞句,动作之间外化了内心激情,在撞击中传递出强烈的生命美感,加之"软手"动作从肩膀、大臂、肘、腕、手指尖连贯且柔韧起伏的舞动,好似雄鹰盘旋空中,通过"甩手"、"软手"内容和形式的统一共同呈现一幅壮丽的生命画卷。

  腰部舞蹈动态创作是在划圆动律、拧转动律、提压动律、横摆动律、点顿动律之间变化的基础上贯穿气息与情感的联动,追求因情而舞、率性起腰的动作风格,传达腰部舞蹈动态变化背后的想象空间和情感空间。譬如:在第13—17节"背负(着)历史漫步(在)荣辱中"中,"图3-170背负"腰部舞蹈动态采用划圆动律,身体前倾同时点肩手慢慢送出,将身体力行的生命状态通过情之所动的腰部动态凸显出来;随之,"图3-173走荣辱中(1)"、"图3-174走荣辱中(2)"、"图3-175走荣辱中(3)"、"图3-176走荣辱中(4)"、"图3-177走荣辱中(5)"腰部舞蹈动态在横摆动律和点顿动律之间形成了时间缓急、力量强弱、幅度大小的对比,这样的对比使人产生对于生命的畅想。

  脚部舞蹈动态创作主要以立掌步、退倒换步、跺掌步、碎跺步、跑马步等步法之间的变化为切入点,配合肩部运动,体现马背上民族的审美情趣,形成了具有代表性的肩部动作加马步动作的舞蹈动态语言。譬如:在上述的第1—8节中,"图3-139骏马奔驰天空下(1)"和"图3-140骏马奔驰天空下(2)"均使用移动立掌步动作,抒发人物倾慕自然、自由洒脱的精神气节,紧接着"图3-141骏马奔驰天空下(3)"变化为碎跺步动作,具有强烈的视觉动态形象,与前者移动立掌步动作贯穿在一起,传递出浓郁的草原气息和马背上民族的舞蹈风格;随后,"图3-146唱歌"运用前后流动变化的单进单退倒换步动作传递出人物无比幸福、快乐的生活图景,"图3-147山水间(1)"、"图3-148山水间(2)"、"图3-149山水间(3)"、"图3-150山水间(4)"连续四次跺掌步动作与立掌步动作自然承接,直接呈现出与草原万物沟通的意象,呈现出一种无法言说的情趣和意境,将蒙古族人民的生命意识与民族记忆联系起来,在提升自身的力量和价值观时,获得与本民族生命体的统一。

游牧人

乌·纳钦 词
腾格尔 曲

1=G 2/4

6· 3 3 2 1 | 3 — | 1 1 2 2 1 6 5 | 3 0 | 3· 3 6 1 3 |

1.赶 着 马 群　　纵 横 在 蓝 天 下，　唱 着 牧 歌
（6　3）　　　　　　　　　　　　　　　（3　3）
2.沧 桑 轮 回　　无 边 的 草 原，　　灵 魂 系 在

2· 3 2 1 | 3· 6 2 1 | 6 — | 6· 6 6 3 5 | 5 6 — |

放 情 在 山 水 间。　追 逐 日 月，
　　　　　　　　　　　　　（6·　6）
神 圣 的 阿 尔 泰。　茫 茫 人 间，

稍慢

5 5 6 7 5 3 | 5 6 — | 6· 6 6 5 | 6 3 2 | 2 1 2 6· 5 |

拼 搏 在 风 云 里。　背 负 着 历 史 漫 步 在 荣 辱
永 恒 的 信 念。　生 命 托 起 祖 辈 的 火 撑

原速

3 — | 3 0 | 6· 2 2 | 2 3 1 6 6 | 5 5 3 5 6 2 1 |

中。　　千 万 里 山 川，涌 动 着 你 的 澎
子。　　千 万 次 风 雨，铸 就 了 你 的 傲

稍慢

6 — | 6· 1 1 | 2 3 1 6 6 | 5 5 3 5 6 2 1 | 6 — |

湃。　千 万 回 雁 去 来　牵 动 着 你 的 情 怀。
骨。　千 万 年 梦 和 盼　激 荡 着 你 的 豪 迈。

原速

6· 0 3 | 6 — | 6 6 0 | 7 7· 6 6 7 5 3 |

呵 嘿！　　　　　　憨 厚 的 游 牧
呵 嘿！　　　　　　憨 厚 的 游 牧

古老的游牧人，古老的游牧人，

你是大地最忠实的孩子，
你是大地最忠实的孩子，

你是世界最清新的记忆。 呵 嘿！
你是世界最清新的记忆。

憨厚的游牧人， 古老的游牧

人。

第一段

第1—4节：赶着马群纵横（在）蓝天下。

赶着马群纵横（骏马奔驰）：左手握拳如牵马状，右手伸食指如扬鞭状（图3-136）。

蓝天下（天空下）：(1)一手食指直立，在头前上方转一圈（图3-137）；(2)一手伸食指向下指（图3-138）。

图 3-136 骏马奔驰　　　　图 3-137 天空下(1)　　　　图 3-138 天空下(2)

　　1—8 赶着马群纵横在蓝天下(骏马奔驰天空下):第 1—4 拍,体对 8 点,右起移动立掌步四次,同时左起拧转动律一次,右绕鞭勒马式做"骏马奔驰天空下(1)"(图 3-139);第 5—6 拍,右起跑马步四次,同时左起拧转动律一次,右抽鞭勒马式做"骏马奔驰天空下(2)"(图 3-140);第 7—8 拍,跷脚向左转一周,同时右起拧转动律一次,右抽鞭勒马式做"骏马奔驰天空下(3)"(图 3-141),眼看左斜下位。

图 3-139 骏马奔驰天空下(1)　　图 3-140 骏马奔驰天空下(2)　　图 3-141 骏马奔驰天空下(3)

　　第 5—8 节:唱(着牧)歌(放情在)山水间。

　　唱歌:一手食指指尖抵于喉部,嘴略张开,头向两侧略摆,模仿唱歌状(图 3-142)。

　　山水间:(1)一手拇指、食指、小指直立,手背向外,仿"山"字形(图 3-143);(2)一手横伸,掌心向下,向一侧做波纹状移动(图 3-144);(3)左手横立,五指分开,右手伸食指,在左手中指和无名指指缝间插一下(图 3-145)。

图 3-142 唱歌

图 3-143　山水间(1)

图 3-144　山水间(2)

图 3-145　山水间(3)

1—4 唱歌：体对 8 点，右单进单退倒换步四次，同时左拧转动律一次，左单手勒马式，右手单指提压腕两次指喉部做"唱歌"(图 3-146)。

5—8 山水间：第 5—6 拍，向右转身，体对 1 点，屈膝右起斜前跺掌步两次，同时点顿、左起拧转动律两次，左单手勒马式，右掌心向内立掌经胸前上穿手做"山水间(1)"(图 3-147)至右平掌手提压腕一次做"山水间(2)"(图 3-148)；第 7—8 拍，向左转身，分别对 5 点、1 点，屈膝右起交叉跺掌步两次，同时点顿、左起拧转动律两次，双手掌心相对经体前提压腕一次成右手单指伸入左手自然掌中指和无名指间做"山水间(3)"(图 3-149)、至双手掌心相对经体前提压腕一次成右手单指伸入左手自然掌中指和无名指间"山水间(4)"(图 3-150)。

图 3-146　唱歌

图 3-147　山水间(1)

图 3-148　山水间(2)

图 3-149 山水间(3)

图 3-150 山水间(4)

第 9—12:追逐日月拼搏(在)风云里。

追逐:双手伸食指,指尖向前,左手在前不动,右手由后向前移动(图 3-151)。

日(太阳):双手拇指、食指搭成大圆形,从身体右侧向头顶做弧形移动,如太阳升起(图 3-152)。

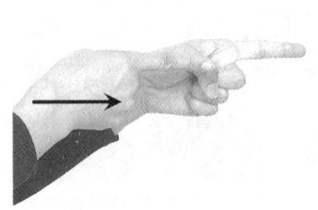
图 3-151 追逐

图 3-152 太阳

月(月亮):双手拇指、食指张开,指尖相对,从中间边向两侧下方做弧形移动边捏合拇指、食指,如半弦月亮状(图 3-153)。

拼搏:双手握拳抬起,一前一后,交替出拳,如拳击动作(图 3-154)。

图 3-153 月亮

图 3-154 拼搏

风云里:(1) 一手直立,五指略屈,左右来回扇动几下(图 3-155);(2) 右手五指略屈成

"冂"形,在头部上方转一圈,表示天上有云(图3-156)。

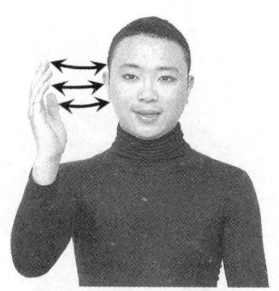
图3-155 风云里(1)

图3-156 风云里(2)

1—2 追逐日(追逐太阳):体对8点,右双进双退倒换步一次,同时右起拧转动律一次,双手呈自然掌至斜上顶手两次做"追逐太阳"(图3-157)。

3—4 月(月亮):向左转身,体对4点,右双进双退倒换步一次,同时右起拧转动律一次,双手经上分至斜上手成掌心相对两次做"月亮"(图3-158)。

图3-157 追逐太阳

图3-158 月亮

5— 拼搏:向右转身,体对8点,右蹉步一次,同时点顿、左起拧转动律一次,双手空心拳至体前左起交替提压腕做"拼搏"(图3-159)。

6—8 风云里:左起蹉步三次,同时右起拧转动律三次,左单手勒马式软手,右手自然掌至右斜后上软手做"风云里"(图3-160)。

图 3-159　拼搏

图 3-160　风云里

第 13—17 节：背负（着）历史漫步（在）荣辱中。

背负：双手虚握，一上一下于胸前，上身向前略倾，如背东西状（图 3-161）；(2) 右手五指成"冂"形，向左肩上按两下（图 3-162）。

图 3-161　背负（1）

图 3-162　背负（2）

历史：(1) 左手拇指、食指成"厂"形，右手伸食指在"厂"形中书写"力"字，仿"历"字形（图 3-163）；(2) 一手直立，掌心向内，向肩后挥动一下（图 3-164）。

图 3-163　历史（1）

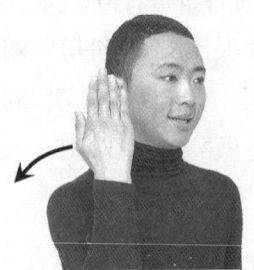
图 3-164　历史（2）

漫步（走）：一手食指、中指分开，指尖向下，交替向前移动（图 3-165）。

荣辱中:(1)一手虚握,虎口先贴于脸颊(图3-166),然后向外移动,并放开五指(图3-167);(2)左手伸拇指、小指,右手随意推打几下左手,象征侮辱一个人(图3-168);(3)左手拇指、食指与右手食指搭成"中"字形(图3-169)。

图3-165 走

图3-166 荣辱中(1)

图3-167 荣辱中(2)

图3-168 荣辱中(3)

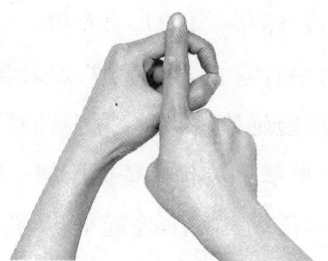
图3-169 荣辱中(4)

1—2 背负:向右转身,体对2点,左脚前迈一步成右踏步屈膝,同时点顿、右起划圆动律一次,双点肩手做"背负"(图3-170),含身。

3—4 历史:渐起身,同时右起拧转动律、硬肩三次,左手"厂"形向下、右手单指经体前左起交替提压腕一次至右手单指提压腕一次、左手侧提腕保持做"历史(1)"(图3-171),4Da拍向右转身一周,同时左起拧转动律、硬肩一次,右平掌手至肩上提压腕一次做"历史(2)"(图3-172),左胯前按手。

图3-170 背负

图 3-171 历史(1)

图 3-172 历史(2)

5—10 漫步荣辱中(走荣辱中):第 5 拍,右起平步、点顿、左起横摆动律、柔肩一次,经斜下手右起交替提压腕一次延伸做"走荣辱中(1)"(图 3-173);第 6 拍,左起平步、右起横摆动律两次,经右肩前手右空心拳提腕做"走荣辱中(2)"(图 3-174)至斜上手自然掌压腕延伸做"走荣辱中(3)"(图 3-175)至体前右端手拇指冲、左平掌手左起交替提压腕一次延伸做"走荣辱中(4)"(图 3-176);第 7—10 拍,左起平步、右起横摆动律两次,双手至体前右手单指、左按手提压腕两次延伸做"走荣辱中(5)"(图 3-177)。

图 3-173 走荣辱中(1)

图 3-174 走荣辱中(2)

图 3-175 走荣辱中(3)

图 3-176　走荣辱中(4)　　　　　　图 3-177　走荣辱中(5)

第 18—21 节：(千万里)山川涌动(着)你(的)澎湃。

山川：(1) 一手拇指、食指、小指直立，手背向外，仿"山"字形(图 3-178)；(2) 一手中指、无名指、小指分开，指尖向下(图 3-179)。

图 3-178　山川(1)　　　　　　图 3-179　山川(2)

涌动：(1) 一手打手指字母"Y"的指式(图 3-180)；(2) 双手握拳屈肘，在胸前交替转动几下(图 3-181)。

图 3-180　涌动(1)　　　　　　图 3-181　涌动(2)

你：一手食指指向对方(图 3-182)。

澎湃：双手平伸，掌心向下，同时向两侧做波浪式移动，上下幅度偏大（图3－183）。

图3－182　你

图3－183　澎湃

1—4 山川：第1—2拍，体对7点，跑步，双手自然摆动；第3拍，左前吸腿步，同时点顿、右起拧转动律一次，双手掌形经上分手至斜上手做"山川（1）"（图3－184），至大八字步站、双甩手成右斜上、左平开手做"山川（2）"（图3－185），同时点顿动律；第4拍，右脚后撤一步成右踏步半蹲，向右转一周，同时点顿、左起拧转动律一次，经斜下双甩手至平开手做"山川（3）"（图3－186）。

图3－184　山川（1）

图3－185　山川（2）

图3－186　山川（3）

5— 涌动：左脚向7点方向前迈一大步成左前弓步，同时点顿动律两次、右拧转动律一次，双甩手成右斜上、左平开手做"涌动（1）"（图3－187）至空心拳于胸前架肘交替转动做"涌动（2）"（图3－188）。

图 3-187 涌动(1)　　　　　图 3-188 涌动(2)

6—你：左脚后撤一步成屈膝右斜前点步，同时点顿、左起拧转动律一次，经斜下双甩手成左肩前按手、右斜上端手做"你"（图 3-189），身体后仰。

7—8 澎湃：重心前移成右前弓步，同时右拧转动律一次，双软手经胸前至斜上手做"澎湃"（图 3-190）。

图 3-189 你　　　　　图 3-190 澎湃

第 22—26 节：(千万回)雁(去来)牵动(着你的)情怀(呵)。

雁：一手拇指、食指张开，手背向上，虎口向前，边向前移动，拇指、食指边做张合动作，模仿大雁飞行状（图 3-191）。

牵动：(1) 双手食指弯曲，互相勾住，然后右手拉左手移动（图 3-192）；(2) 双手握拳屈肘，在胸前交替转动几下（图 3-193）。

图 3-191 雁

图 3-192 牵动(1)

图 3-193 牵动(2)

情怀:(1) 双手直立,掌心相贴,五指分开(图 3-194),左手不动,右手向右转一下(图 3-195);(2) 左手贴胸,右手由外向里移动,贴于左手背(图 3-196)。

图 3-194 情怀(1)

图 3-195 情怀(2)

图 3-196 情怀(3)

1—6 雁牵动:第 1—3 拍,体对 1 点,正步踮脚,向 3 点横移,同时点顿动律,双平掌手至斜上手提压腕做"雁牵动"(图 3-197);第 4—6 拍,做第 1—3 拍反面手语舞蹈动作。

7—10 情怀:向右转身,体对 2 点,右脚后撤一步成屈膝左斜前点步,同时左起拧转动律、柔肩五次,双平掌手经胸前右按、左端手碾动做"情怀(1)"(图 3-198)至左起交叉扶胸手做"情怀(2)"(图 3-199)。

图 3-197 雁牵动

图 3-198 情怀(1)

图 3-199 情怀(2)

第 27—28 节:(嘿)!

1—4 嘿:向右转身体对 5 点,摔跤步,前行。

第 29—32 节:憨厚(的)游牧人。

憨厚(朴实):(1) 一手打手指字母"P"的指式(图 3-200);(2) 左手食指横伸,右手食指、中指相叠,自上而下敲一下左手食指(图 3-201)。

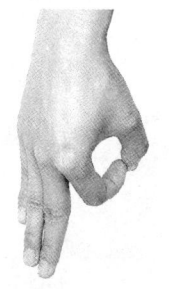
图 3-200　朴实(1)

图 3-201　朴实(2)

游牧人:(1) 左手握拳如牵马状,右手单指如扬鞭状(图 3-202);(2) 双手食指搭成"人"字形(图 3-203)。

图 3-202　游牧人(1)

图 3-203　游牧人(2)

1—2 憨厚(朴实):体对 1 点,双腿盘坐,身体向前送、靠各一次,同时点顿、右起拧转动律、柔肩两次,右手经体前提腕延伸做"朴实(1)"(图 3-204)至双手压腕延伸做"朴实(2)"(图 3-205)。

图 3-204　朴实(1)

图 3-205　朴实(2)

3—8 游牧人：第 3—4 拍，双腿盘坐，身体向 8 点送、靠各一次，同时点顿、右起拧转动律两次，右扬鞭勒马式延伸做"游牧人（1）"（图 3-206）；第 5—8 拍，身体向 8 点送、靠各一次，同时点顿动律一次，双手经胸前提压腕一次至顺时针平行转一周做"游牧人（2）"（图 3-207）。

图 3-206 游牧人（1）

图 3-207 游牧人（2）

第 33—36 节：古老（的）游牧人。

古老：（1）双手拇指、食指搭成"古"字形（图 3-208）；（2）一手张开，在颏下做捋胡须的动作（图 3-209）。

游牧人：同图 3-202、图 3-203 手语翻译。

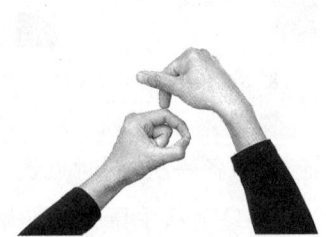
图 3-208 古老（1）

图 3-209 古老（2）

1—2 古老：体对 1 点，身体向前送、靠各一次，同时点顿动律、柔肩两次，右提腕、左按手经体前右起交替提压腕一次做"古老（1）"（图 3-210）至右手自然掌于颏下压腕一次延伸做"古老（2）"（图 3-211），左手扶膝。

图 3-210 古老(1)

图 3-211 古老(2)

3—8 游牧人:同图 3-206、图 3-207 手语舞蹈动作。

第 37—40 节:你是大地(最忠实的)孩子。

你:同图 3-182 手语翻译。

是:一手食指、中指相叠,由上而下挥动一下(图 3-212)。

大地:(1) 双手侧立,掌心相对,由中间向两侧移动(图 3-213);(2) 一手食指指尖朝下指一下(图 3-214)。

孩子:一手平伸,掌心向下在胸前略向下按(图 3-215)。

图 3-212 是

图 3-213 大地(1)

图 3-214 大地(2)

图 3-215 孩子

1—2 你是:右起平步、点顿、左起横摆动律、柔肩一次,经斜下手右起交替提压腕一次延伸做"你是(1)"(图3-216)、"你是(2)"(图3-217)。

图3-216 你是(1)　　　　　　图3-217 你是(2)

3—4 大地：左踏步屈膝向左转身一周，同时点顿、右拧转动律一次，双手经胸前提压腕一次按手至平开手做"大地"(图3-218)，眼看右斜下位。

5—8 孩子：体对2点，屈膝左前点步，同时点顿动律一次，右起柔肩四次，双手至胯前右起交替提压腕四次做"孩子"(图3-219)，后靠。

图3-218 大地　　　　　　图3-219 孩子

第41—44节：(你是)世界(最清)新(的)记忆。

世界：左手握拳，手背向外，右手五指张开略屈，由上而下绕左拳转动一下(图3-220)。

新：左手横伸，掌心向下，右手伸出拇指，从左手手背上向外划动(图3-221)。

记忆：一手打手指字母"J"的指式，碰两下前额(图3-222)。

图3-220 世界

图 3-221 新

图 3-222 记忆

1—2 世界：向右转身一周，体对 1 点，左起平步、点顿、右起横摆动律两次，双手经体前右手自然掌于左空心拳外转动一周做"世界"（图 3-223）。

3—4 新：左平步、右起横摆动律一次，右手拇指冲于左按手上方经体前右提腕一次延伸做"新"（图 3-224）。

5—8 记忆：踮脚跑，向右转身后弧线，同时点顿、右拧转动律一次，右手食指弯曲掌心向上至额前提压腕一次做"记忆"（图 3-225），左平开手。

图 3-223 世界

图 3-224 新

图 3-225 记忆

第二段

第 1—4 节：沧桑轮回（无边的）草原。

沧桑（历史）：同图 3-163、图 3-164 手语翻译。

轮回（变化）：(1) 一手食指、中指直立并分开，由掌心向外翻转为掌心向内（图 3-226）；(2) 一手打手指字母"H"的指式，并横向移动一下（图 3-227）。

图 3-226 变化(1)

图 3-227 变化(2)

草原：(1) 双手食指直立，上下交替动几下（图 3-228）；(2) 一手食指朝下划一大圆形（图 3-229）。

图 3-228 草原(1)

图 3-229 草原(2)

1— 沧桑（历史）：同图 3-171、图 3-172 手语舞蹈动作。

2—4 轮回（变化）：第 2 拍，体对 5 点，右旁点步，同时右起横摆动律一次，左手掌心向外经右斜上位上弧线提腕一次做"变化(1)"（图 3-230）延伸至左斜上位掌心向内做"变化(2)"（图 3-231）；第 3—4 拍，重心旁移成左旁点步，同时左起横摆动律一次，右手掌心向外经左斜上位上弧线提压腕一次至右斜上位做"变化(3)"（图 3-232）。

图 3-230 变化(1)

图 3-231 变化(2)

图 3-232 变化(3)

5—8 草原：第5—6拍，向右转身，体对1点，右脚前碎跺步，前行，同时点顿动律一次，双手单指经胸前按手上下交替移动做"草原(1)"（图3-233）；第7拍，右脚前碎跺步，前行，同时右拧转动律一次，右手经左胯前提腕延伸至右胯前做"草原(2)"（图3-234）；第8拍，右脚前碎跺步，前行，同时左起拧转动律一次，右抽鞭勒马式做"草原(3)"（图3-235）。

图3-233　草原(1)

图3-234　草原(2)

图3-235　草原(3)

第5—8节：灵魂（系）在（神圣的）阿尔泰。

灵魂：一手拇指、食指相捏，其他手指直立，在头部前上方转两圈（图3-236）。

在：左手横伸，右手伸出拇指、小指，由上而下移至左手掌心上（图3-237）。

图3-236　灵魂

图3-237　在

阿尔泰：一手打手指字母"A"（图3-238）、"E"（图3-239）、"T"（图3-240）的指式。

图3-238　阿尔泰(1)

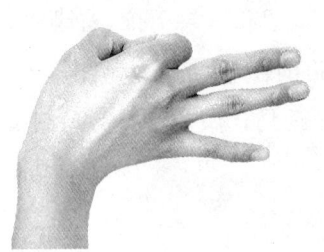
图 3-239　阿尔泰(2)

图 3-240　阿尔泰(3)

1— 灵魂：向左转身，体对 2 点，站大八字步，同时点顿动律一次，右斜上手逆时针转动两周做"灵魂"(图 3-241)，左平开手，眼看右斜上位。

2—4 在：右脚起快速前迈两步成大八字步，同时点顿动律一次，右拇指冲手经胸前按至左端手做"在"(图 3-242)，眼看左斜上位。

图 3-241　灵魂

图 3-242　在

5—8 阿尔泰：向右转身，体对 6 点，右起平步、左起横摆动律三次，右手经体前提腕延伸至右斜前位做"阿尔泰(1)"(图 3-243)、经压腕于体前至提腕延伸至左斜上位做"阿尔泰(2)"(图 3-244)压腕于体前至提腕延伸至右斜上位做"阿尔泰(3)"(图 3-245)。

图 3-243　阿尔泰(1)

图 3-244　阿尔泰(2)　　　　　　图 3-245　阿尔泰(3)

第 9—12 节：(茫茫)人间永恒(的)信念。

人间：(1) 双手食指搭成"人"字形(图 3-246)；(2) 左手横立，五指分开，右手伸食指，在左手中指和无名指指缝间插一下(图 3-247)。

图 3-246　人间(1)　　　　　　图 3-247　人间(2)

永恒(永远)：(1) 一手打手指字母"Y"的指式(图 3-248)；(2) 一手拇指按于食指根部，食指指尖朝前并移动，表示远(图 3-249)。

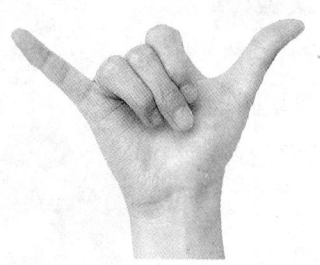 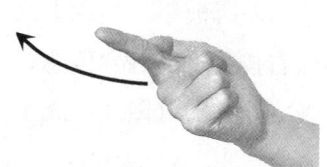

图 3-248　永远(1)　　　　　　图 3-249　永远(2)

信念：(1) 一手手掌贴于耳部，头向前略点一下(图 3-250)；(2) 一手掌拍一下额头(图

3-251)。

图 3-250 信念(1)

图 3-251 信念(2)

1—4 人间：第 1—2 拍，向左转身，踮脚跑，前弧线，同时点顿、右起拧转动律一次，双手经胸前"人"字形提压腕一次延伸做"人间(1)"（图 3-252）；第 3—4 拍，踮脚跑，前弧线，同时左拧转动律，双手掌心相对经体前提压腕一次成左手单指伸入右手自然掌中指和无名指间做"人间(2)"（图 3-253）。

图 3-252 人间(1)

图 3-253 人间(2)

5—8 永恒信念（永远信念）：第 5 拍，体对 6 点，踮脚跑，同时点顿、右起拧转动律一次，右手经胸前提压腕一次做"永远(1)"（图 3-254）至右穿手于右斜上位做"永远(2)"（图 3-255）；第 6—8 拍，左脚前迈一步成大八字步，同时右起划圆动律两次，经右额前右按手、低头做"信念(1)"（图 3-256）至右额前右提腕、抬头做"信念(2)"（图 3-257）。

图 3-254 永远(1)

图3-255 永远(2)　　　图3-256 信念(1)　　　图3-257 信念(2)

第13—17节：生命托起祖辈(的)火撑子。

生命：(1) 一手打手指字母"SH"的指式(图3-258)；(2) 右手按于左胸心脏部位,象征生命(图3-259)。

托起：一手横伸,掌心向上,并向上略抬,如托物状(图3-260)。

图3-258 生命(1)　　　图3-259 生命(2)　　　图3-260 托起

祖辈：(1) 一手打手指字母"Z"的指式(图3-261)；(2) 一手拇指、食指相捏,拇指贴在嘴唇上(图3-262),边向下移动边伸出食指(图3-263)。

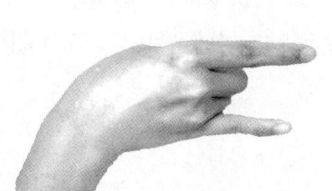  

图3-261 祖辈(1)　　　图3-262 祖辈(2)　　　图3-263 祖辈(3)

火撑子:(1)双手平伸,五指略屈,指尖朝上,上下交替动几下,如火苗跳动状(图3-264);(2)双手平伸,掌心向下,屈肘,在腰两侧向下一按,上身随之抬起(图3-265)。

图 3-264 火撑子(1)

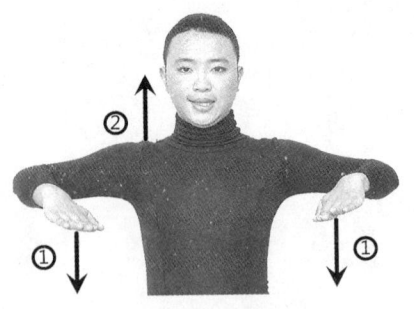
图 3-265 火撑子(2)

1—2 生命:向左转身,体对2点,垫脚跑成大八字步,同时右起拧转动律一次,右手经体前提腕至斜上手做"生命(1)"(图3-266)至胸前右按手做"生命(2)"(图3-267),身体后仰。

3—4 托起:大八字步伸膝,同时左起拧转动律一次,双手经斜下托手至斜上托手做"托起"(图3-268)。

图 3-266 生命(1)

图 3-267 生命(2)

图 3-268 托起

5— 祖辈:体对2点,踮脚跑,同时点顿、左拧转动律一次,右手经胸前提腕一次做"祖辈(1)"(图3-269)至嘴前压腕一次做"祖辈(2)"(图3-270)至体前提腕一次做"祖辈(3)"(图3-271)。

图 3-269　祖辈(1)　　　　图 3-270　祖辈(2)　　　　图 3-271　祖辈(3)

6—10 火撑子：后腿跳一次，同时点顿动律一次，双手自然掌经斜下手交替顶动至斜上手做"火撑子(1)"(图 3-272)，跳落地后成右踏步屈伸膝，同时点顿动律一次，双手经肩前按手至体后端手做"火撑子(2)"(图 3-273)，身体渐仰。

图 3-272　火撑子(1)　　　　　　　图 3-273　火撑子(2)

第 18—21 节：(千万次)风雨铸就(了你的)傲骨。

风雨：(1) 一手直立，五指略屈，左右来回扇动几下(图 3-274)；(2) 一手五指略屈分开，指尖朝下，上下快速动几下，表示雨点落下(图 3-275)。

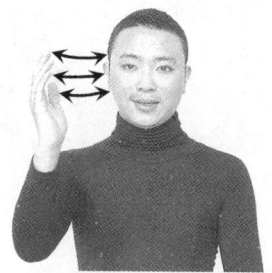 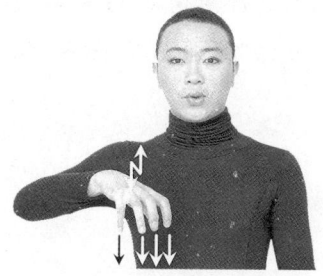

图 3-274　风雨(1)　　　　　　　图 3-275　风雨(2)

铸就：(1) 双手五指弯曲，搭成圆形，然后向外一倒，如浇铸钢水（图3-276）；(2) 左手横伸，掌心向上，右手打手指字母"J"的指式，然后贴向左手掌心（图3-277）。

图3-276 铸就(1)

图3-277 铸就(2)

傲骨：(1) 双手伸拇指在胸前上下交替动几下，面露自豪样（图3-278）；(2) 左手握拳，手背向上，右手食指弯曲，指尖点一下左手背腕关节处（图3-279）。

图3-278 傲骨(1)

图3-279 傲骨(2)

1—4 风雨：第1—2拍，右脚向8点前迈一步成左踏步，同时左起拧转动律、柔肩一次，左起柔臂一次做"风雨(1)"（图3-280）；第3拍，重心后移成屈膝右前点步，同时右划圆动律一次，右手自然掌至斜上软手做"风雨(2)"（图3-281），左按手于胯前，后靠；第4拍，向左转身一周，左脚向2点前迈一步成右踏步，同时点顿、右起拧转动律、硬肩两次，右自然掌至斜上手左起交替提压腕两次做"风雨(3)"（图3-282），眼看左斜上位。

图3-280 风雨(1)

图 3-281 风雨(2)

图 3-282 风雨(3)

5—8 铸就傲骨：第5—6拍，向左转身，体对8点，踮脚跑，同时点顿、右拧转动律一次，双手经体前向外弹拨手一次做"铸就傲骨(1)"（图3-283）；第7—8拍，左前吸腿，同时点顿、右拧转动律一次，经右扬鞭勒马式做"铸就傲骨(2)"（图3-284）至右脚前迈一步成左踏步屈膝、同时左起拧转动律一次、右抽鞭勒马式做"铸就傲骨(3)"（图3-285），经重心后移成屈膝右前点步，同时点顿动律一次，双手经体前提腕一次成右手单指点左空心拳做"铸就傲骨(4)"（图3-286）至左踏步同时点顿、右拧转动律一次、双手勒马式做"铸就傲骨(5)"（图3-287）。

图 3-283 铸就傲骨(1)

图 3-284 铸就傲骨(2)

图 3-285 铸就傲骨(3)

图 3-286　铸就傲骨(4)　　　　图 3-287　铸就傲骨(5)

第 22—26 节：(千万年)梦(和)盼激荡(着你的)豪迈(呵)。

梦：一手伸拇指、小指，从太阳穴处斜着向上旋转上升(图 3-288)。

盼：一手手背贴于颔下，头略抬，眼向上看(图 3-289)。

图 3-288　梦　　　　　　　图 3-289　盼

激荡：一手打手指字母"J"(图 3-290)、"D"(图 3-291)的指式。

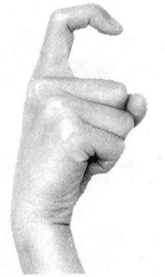 

图 3-290　激荡(1)　　　　图 3-291　激荡(2)

豪迈(豪情)：(1) 双手伸出拇指，在胸前向上一挑(图 3-292)；(2) 双手直立，掌心相贴，五指分开(图 3-293)，左手不动，右手向右转一下(图 3-294)。

图 3-292 豪情(1)

图 3-293 豪情(2)

图 3-294 豪情(3)

1—4.梦盼:第1—2拍,体对1点,大步字步跳两次,同时点顿动律两次,双手至斜上拇指冲手提压腕两次做"梦盼(1)"(图3-295);第3—4拍,向右转身,体对2点,右脚前迈一大步成右前弓步,同时点顿动律一次,左平掌手至颏下提压腕一次做"梦盼(2)"(图3-296),右手扶膝。

图 3-295 梦盼(1)

图 3-296 梦盼(2)

5—激荡:体对1点,左起摔跤步两次,同时右起划圆动律两次,双手经斜下手单指弯曲提压腕一次做"激荡(1)"(图3-297)至空心拳提压腕一次做"激荡(2)"(图3-298)。

图 3-297 激荡(1)

图 3-298 激荡(2)

6—10 豪迈(豪情):第 6 拍,左起摔跤步两次,同时右起划圆动律两次,双拇指冲手至斜上顶手做"豪情(1)"(图 3-299);第 7—10 拍,左脚前迈一步成大八字步,同时右起划圆动律五次(两慢两快一慢),右按手、左端手至胸前碾动做"豪情(2)"(图 3-300)、"豪情(3)"(图 3-301)。

图 3-299　豪情(1)　　　　图 3-300　豪情(2)　　　　图 3-301　豪情(3)

第 27—44 节:嘿!憨厚(的)游牧人,古老(的)游牧人,你是大地(最忠实的)孩子,(你是)世界(最清)新(的)记忆。

1—36:同第一段第 27—44 节手语舞蹈动作。

第 45—46 节:(呵嘿)!

1—4:同第一段第 27—28 节手语舞蹈动作。

第 47—53 节:憨厚(的)游牧人,古老(的)游牧人。

同第一段第 29—36 节手语舞蹈动作。

第 54—57 节:体对 1 点,踮脚跑,前弧线,成体对 8 点基本体态。

第四节　知识拓展

本节针对蒙古族民间手语舞蹈创作进行手语知识拓展,选择的曲目为《呼伦贝尔大草原》。歌曲由克明作词、乌兰托嘎作曲,歌词意境宽广、丰美,曲调悠远、深情,表达了呼伦贝尔大草原的美丽以及词曲作者对家乡的深深爱恋之情。

呼伦贝尔大草原

克明 词
乌兰托嘎 曲

1. 我的心爱在天边，天边有一片辽阔的大草原，
2. 我的心爱在高山，高山深处是巍巍的大兴安，
3. 我的心爱在河湾，额日古纳河穿过那大草原，

草原茫茫天地间，洁白的蒙古包散落在河边。
林海茫茫云雾间，矫健的雄鹰俯瞰着草原。
草原母亲我爱你，深深的河水深深的祝愿。

呼伦贝尔大草原，

白云朵朵飘在飘在我心间，呼伦贝尔大草原，

我的心爱我的思恋。

恋。

第一段

第5—6节：我（的心）爱（在）天边。

我：一手食指指向自己（图3-302）。

爱：左手伸拇指，右手轻轻抚摸左手拇指指背，表示怜爱（图3-303）。

图3-302 我

图3-303 爱

天边：（1）一手食指直立，在头前上方转动一圈（图3-304）；（2）左手横伸，手背向上，右手五指并拢，指尖向下，沿左手的小指边缘划动一下（图3-305）。

图3-304 天边（1）

图3-305 天边（2）

第7—8节：天边（有一片辽阔的）大草原。

天边：同图3-304、图3-305手语翻译。

大草原：（1）双手侧立，掌心相对，同时向两侧移动，幅度稍大（图3-306）；（2）双手食指直立，上下交替动几下（图3-307）；（3）一手食指向下划一个大圆形（图3-308）。

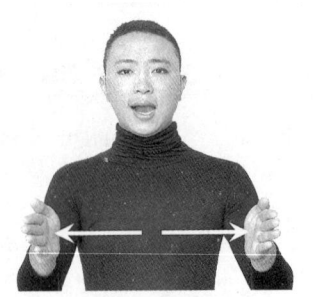
图3-306 大草原（1）

图 3-307 大草原(2)

图 3-308 大草原(3)

第9—10节:草原(茫茫)天地间。

草原:同图 3-307、图 3-308 手语翻译。

天地间:(1) 一手食指直立,在头前上方转一圈(图 3-309);(2) 一手食指指尖朝下指一下(图 3-310);(3) 左手横立,五指分开,右手伸食指,在左手中指和无名指指缝间插一下(图 3-311)。

图 3-309 天地间(1)

图 3-310 天地间(2)

图 3-311 天地间(3)

第11—13节:洁白(的)蒙古包(洒落)在河边。

洁白:左手横伸,右手掌摸一下左手背(图 3-312),然后打出手指字母"B"的指式(图 3-313)。

图 3-312 洁白(1)

图 3-313 洁白(2)

蒙古包:(1) 右手拇指、食指、中指相捏,绕头部转一圈(图 3-314),然后放开五指,指尖向下,如蒙古族人民用头巾缠头状(图 3-315);(2) 双手搭成"∧"形(图 3-316)。

图 3-314 蒙古包(1)

图 3-315 蒙古包(2)

图 3-316 蒙古包(3)

在:左手横伸,右手伸出拇指、小指,由上而下移至左手掌心(图 3-317)。

河边:(1) 双手侧立,掌心相对,间距约 20 厘米,向前做曲线形移动(图 3-318);(2) 左手横伸,手背向上,右手五指并拢,指尖向下,沿左手的小指边缘划动一下(图 3-319)。

图 3-317 在
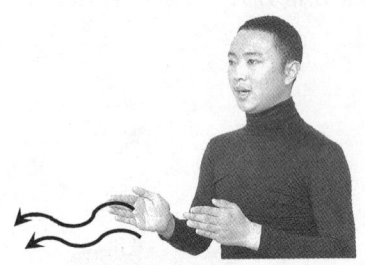
图 3-318 河边(1)

图 3-319 河边(2)

第二段

第 5—6 节:我(的心)爱(在)高山。

我:同图 3-302 手语翻译。

爱:同图 3-303 手语翻译。

高山:(1) 一手横伸,掌心向下,向上举过头(图 3-320);(2) 一手拇指、食指、小指直立,手背向外,仿"山"字形(图 3-321)。

图 3-320 高山(1)

图 3-321 高山(2)

第7—8节:高山深处(是)巍巍(的)大兴安。

高山:同图3-320、图3-321手语翻译。

深处巍巍(崇山峻岭):(1) 双手斜伸,掌心相对,先向上再折下(图3-322);(2) 一手拇指、食指、小指直立,手背向外(图3-323);(3) 左手拇指、食指、小指直立,手背向外,右手侧立沿左手小指向下切一下(图3-324);(4) 一手斜伸,掌心向下,由低而高再由高而低做起伏状移动,反复两次(图3-325)。

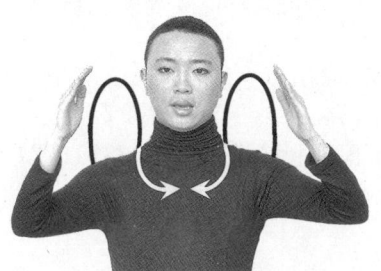
图3-322 崇山峻岭(1)

图3-323 崇山峻岭(2)

图3-324 崇山峻岭(3)

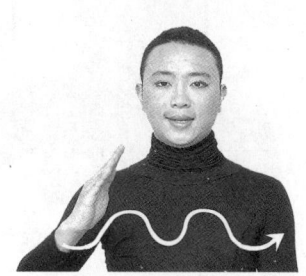
图3-325 崇山峻岭(4)

大兴安(大兴安岭):(1) 双手伸掌侧立,掌心相对,由中间向两侧移动(图3-326);(2) 双手五指撮合,指尖向上(图3-327),然后边向上移动边放开五指,面露高兴样五指(图3-328);(3) 一手横伸,掌心向下,自胸部向下一按(图3-329);(4) 一手斜伸,掌心向下,由低向高再由高向低做起伏状移动,反复两次(图3-330)。

图3-326 大兴安岭(1)

图3-327 大兴安岭(2)

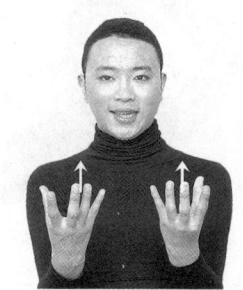
图3-328 大兴安岭(3)

图 3-329 大兴安岭(4)

图 3-330 大兴安岭(5)

第 9—10 节:林海茫茫云雾间。

林海茫茫(耸立):(1) 双手直立,掌心相对,由下向上移动(图 3-331);(2) 左手横伸,右手食指、中指分开,指尖向下立于左手掌心之上(图 3-332)。

图 3-331 耸立(1)

图 3-332 耸立(2)

云雾间:(1) 右手五指略屈成"冖"形,在头部上方转一圈,表示天上有云(图 3-333);(2) 一手直立,掌心向外,五指张开,在眼前转几圈,表示重雾迷目(图 3-334);(3) 左手横立,五指分开,右手伸食指,在左手中指和无名指指缝间插一下(图 3-335)。

图 3-333 云雾间(1)

图 3-334 云雾间(2)

图 3-335 云雾间(3)

第 11—12 节、第 14 节:矫健(的)雄鹰俯瞰(着)草原。

矫健:(1) 一手打手指字母"J"的指式(图 3-336);(2) 双手掌心向内贴于胸部,然后边向下一顿(图3-337),边伸出拇指(图3-338)。

图3-336 矫健(1)

图3-337 矫健(2)

图3-338 矫健(3)

雄鹰:(1)一手食指弯曲如钩,指尖向下置于鼻下,象征鹰嘴(图3-339);(2)双臂侧斜,向上抬起,掌心向下,手臂大幅度上下扇动(图3-340)。

俯瞰:一手食指、中指分开,指尖向前,自眼部向斜下方移动,头略低(图3-341)。

图3-339 雄鹰(1)

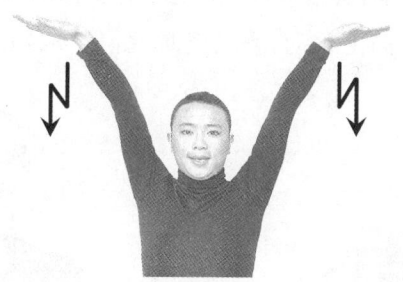
图3-340 雄鹰(2)

图3-341 俯瞰

草原:同图3-307、图3-308手语翻译。

第15—16节:呼伦贝尔大草原。

呼伦贝尔:(1)一手拇指、食指捏成小圆圈,贴在嘴上并向外移动(图3-342);(2)一手打手指字母"L"(图3-343);(3)一手打手指字母"B"(图3-344);(4)一手打手指字母"E"(图3-345)。

图3-342 呼伦贝尔(1)

图3-343 呼伦贝尔(2)

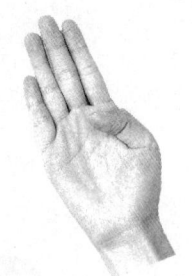 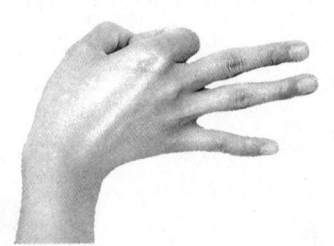

图 3-344　呼伦贝尔(3)　　　　　图 3-345　呼伦贝尔(4)

大草原：同图 3-306、图 3-307、图 3-308 手语翻译。

第 17—18 节：白云朵朵飘(在飘在)我心间。

白云朵朵飘：同图 3-333 手语翻译。

我：同图 3-302 手语翻译。

心间(心里)：(1) 双手拇指、食指搭成"♡"形，贴于胸部(图 3-346)；(2) 左手横立，右手食指直立，在左手掌内由上向下移动，表示里面(图 3-347)。

图 3-346　心里(1)　　　　　图 3-347　心里(2)

第 19—20 节：呼伦贝尔大草原。

同第二段第 15—16 节手语翻译。

第 21—22 节：我(的心)爱我(的)思恋。

我：同图 3-302 手语翻译。

爱：同图 3-303 手语翻译。

我：同图 3-302 手语翻译。

思恋：(1) 一手伸食指，在太阳穴处转动两下，面露思考神态(图 3-348)；(2) 一手掌拍前额一下(图 3-349)。

图 3-348 思恋(1)

图 3-349 思恋(2)

第三段

第 5—6 节：我（的心）爱（在）河湾。

我：同图 3-302 手语翻译。

爱：同图 3-303 手语翻译。

河湾：(1) 双手侧立，掌心相对，相距约 20 厘米，向前做曲线形移动（图 3-350）；(2) 左手侧立，向前做曲线移动，右手横伸，掌心向下，五指交替上下点动（图 3-351）。

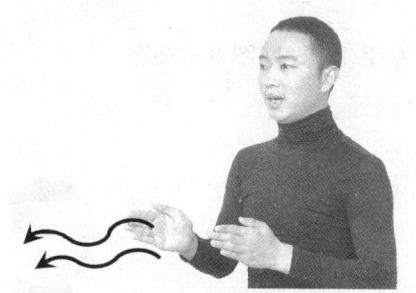
图 3-350 河湾(1)

图 3-351 河湾(2)

第 7—8 节：额日古纳河穿过（那）大草原。

额日古纳河：(1) 一手指额头（图 3-352）；(2) 一手拇指、食指两指弯曲成半圆形，从一边向另一边作半弧形移动（图 3-353）；(3) 双手拇指、食指搭成"古"字形（图 3-354）；(4) 一手打手指字母"N"（图 3-355）；(5) 双手侧立，掌心相对，相距约 20 厘米，向前做曲线形移动（图 3-356）。

图 3-352 额日古纳河(1)

图 3-353　额日古纳河（2）

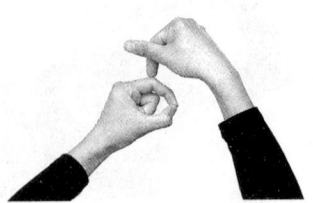
图 3-354　额日古纳河（3）

图 3-355　额日古纳河（4）

图 3-356　额日古纳河（5）

穿过（穿越）：左手横立，右手食指、中指叉开，从左手上越过（图 3-357）。

大草原：同图 3-306、图 3-307、图 3-308 手语翻译。

图 3-357　穿越

图 3-358　母亲

图 3-359　你

第 9—10 节：草原母亲我爱你。

草原：同图 3-307、图 3-308 手语翻译。

母亲：右手伸食指，指尖左侧部贴在嘴唇上（图 3-358）。

我：同图 3-302 手语翻译。

爱：同图 3-303 手语翻译。

你：一手食指指向对方（图 3-359）。

第 11—12 节、第 14 节：深深（的）河水深深（的）祝愿。

深深（川流不息）：（1）一手中指、无名指、小指分开，指尖向下（图 3-360）；（2）一手横伸,掌心向下,向一侧做波纹状移动(图3-361);(3) 一手直立,掌心向外,左右摆动几下(图3-362);(4) 左手横伸,掌心向下,右手直立,掌心向左,指尖抵于左手掌心(图3-363)。

图3-360　川流不息(1)

图3-361　川流不息(2)

图3-362　川流不息(3)

图3-363　川流不息(4)

河水:(1) 双手侧立,掌心相对,相距约20厘米,向前做曲线形移动(图3-364);(2) 一手横伸,掌心向下,向一侧做波纹状移动(图3-365)。

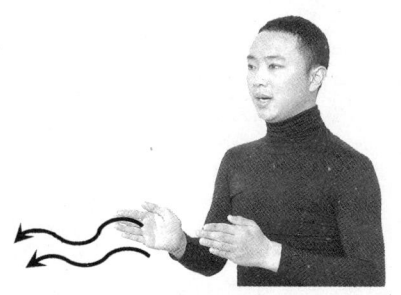

图3-364　河水(1)

图3-365　河水(2)

深深(永远):(1) 一手打手指字母"Y"的指式(图3-366);(2) 一手拇指按于食指根部,食指指尖向前并移动,表示远(图3-367)。

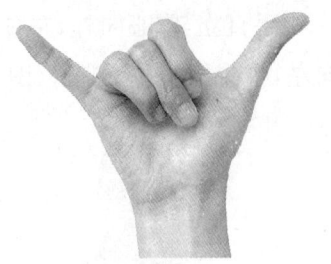 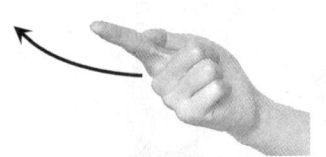

图 3-366　永远(1)　　　　　　图 3-367　永远(2)

祝愿:(1) 双手抱拳,前后略动几下(图 3-368);(2) 一手拇指、食指略屈,指尖抵于下颏,头略点动一下,面露微笑(图 3-369)。

图 3-368　祝愿(1)　　　　　　图 3-369　祝愿(2)

第 15—16 节:呼伦贝尔大草原。

同第二段第 15—16 节手语翻译。

第 17—18 节:白云朵朵飘(在飘在)我心间。

同第二段第 17—18 节手语翻译。

第 19—20 节:呼伦贝尔大草原。

同第二段第 15—16 节手语翻译。

第 21,28—31 节:我(的心)爱我(的)思恋。

同第二段第 21—22 节手语翻译。

第四章　维吾尔族民间手语舞蹈

维吾尔族民间手语舞蹈是指手语和维吾尔族民间舞蹈通过相互间的接触、交流进而相互吸收、渗透、融为一体的艺术形式。古丝绸之路促进了各个民族文化的融合，多元文化的融合与积淀造就了能歌善舞的维吾尔民族。"维吾尔"一词含有"联合"之意，可见这一民族本身就是由不同的古老族群在历史进程中不断融合演变而成，所以说从舞蹈生态学的"多维舞种"概念来看，维吾尔族舞蹈涉及族源十分多元、地域十分广袤、文化层面十分复杂，是一种非常独特的现象。[1] 维吾尔族舞蹈风格各异，有轻快优美的赛乃姆、热情奔放的多郎舞、庄重肃穆的萨玛舞等多种表现形式，不同的舞蹈表现形式勾勒出维吾尔民族的特质以及这个民族的文化印迹。赛乃姆是维吾尔族民间舞蹈最普遍的一种形式，从南疆的喀什、库尔勒、阿克苏到东疆的吐鲁番、哈密，再到北疆的乌鲁木齐、伊犁，都广泛存在着这种乐舞形式。[2] 维吾尔族各地赛乃姆舞蹈风格不尽相同，本章实例研究中将融入许多风格各异的动作语汇，主要探究手语在维吾尔族赛乃姆舞蹈中的艺术转化。

维吾尔族赛乃姆手语舞蹈造型主要是以昂首、挺胸、立腰拔背的体态特征给人以美的感受，加之移颈、耸肩、花形手、绕腕、翻腕、弹指、柔臂、甩手、甩腰、点颤动律、摇身动律直至三步一抬、横垫步、进退步等脚部动态的充分运用，构成了该手语舞蹈结构的多样性。这些动律特点和丰富的装饰性动作与音乐紧密结合，在凝练的手舞中浓缩了更多的维吾尔族历史文化风貌，同时在膝部微颤动律贯穿舞蹈始终之下参与叙事，凸显自由、轻快、幽默的维吾尔族民间手语舞蹈美学特征。

第一节　基本动作[3]

维吾尔族民间舞蹈的基本体态、基本手形、手位、脚位、基本动律、常用手腕、手臂动作、基本步法等成为维吾尔族民间手语舞蹈创作的基本动作素材。基本体态包括女子体态和男子体态；基本手形包括花形手、掌形和拇指冲手，基本手位包括叉腰手、围腰手、顶手、遮阳托腮手、遮羞手、夏克手、托帽手等，基本脚位包括前点步、旁点步、后点步、交叉点步等；基本动律包括均颤动律、点颤动律、顿颤动律和摇身动律；常用手腕动作包括里绕腕、外翻

---

[1] 塔来提·吐尔地.维吾尔族舞蹈源流谱系调查与研究[J].北京：北京舞蹈学院学报，2014.(6)：44—50.
[2] 戴虎.《伊犁赛乃姆》艺术形态特点研究[J].北京：北京舞蹈学院学报，2011.(4)：60—63.
[3] 韩萍，郭磊.中国少数民族民间舞教程[M].北京：高等教育出版社，2004：123—167.

腕和弹指手,手臂动作包括交替推手、猫洗脸、盖手、捧腰手等;基本步法包括抬颤步、横垫步、进退步、三步一抬等。

一、基本体态

做法:站小八字步,收腹,提胯,挺胸,垂肩,昂首,眼看正中位或斜下位(图4-1)。

图 4-1

二、基本手形、手位、脚位

(一) 手形

1. 花形手

做法:拇指与中指尖相对(似捏葡萄状),另外三指自然翘起(图4-2)。

2. 掌形

做法:四指并拢平伸,拇指自然张开(图4-3)。

3. 拇指冲手

做法:握空心拳,拇指自然张开伸出(图4-4)。

图 4-2　　　　　　　　图 4-3　　　　　　　　图 4-4

(二) 手位

1. 叉腰手

做法:双手虎口叉腰(图4-5)。

2. 围腰手(以右为例)

做法:右手于左胯前,左手背于腰后(图4-6)。

3. 斜前手(以右为例)

做法:右手于右前方抬至与肩平(图4-7)。

图4-5　　　　　　图4-6　　　　　　图4-7

4. 斜后手

做法:双手于体后斜下方(图4-8)。

5. 前手位

做法:双手于体前延伸(图4-9)。

6. 顶手

做法:双手掌心向上托于头部上方(图4-10)。

图4-8　　　　　　图4-9　　　　　　图4-10

7. 平开手

做法:手臂平伸于体旁(图4-11、图4-12)。

图 4-11

图 4-12

8. 肩前手（以左为例）

做法：左手指尖点触左肩，架肘（图 4-13）。

9. 遮阳托腮手（以右为例）

做法：右盖手于头部正上方，同时左盖手于颏下，架肘（图 4-14）。

10. 遮羞手（以右为例）

做法：右手略屈臂于左斜上位，眼看右后斜下位（图 4-15）。

图 4-13

图 4-14

图 4-15

11. 顿肘手（以右为例）

做法：右拇指冲手，小臂上屈 90 度（图 4-16、图 4-17）。

图 4 - 16

图 4 - 17

12. 搭手

做法：双手掌心相对，指尖相搭（图 4 - 18）。

13. 夏克手（以左为例）

做法：左顶手，右肩前手（图 4 - 19）。

图 4 - 18

图 4 - 19

14. 托帽手

（1）单托帽手（以右为例）。

做法：右手掌心向上托于耳后，架肘（图 4 - 20）。

（2）双托帽手。

做法：双手掌心向上托于耳后，架肘（图 4 - 21）。

图 4-20　　　　　　　　图 4-21

15. 扶胸手

(1) 单扶胸手(以右为例)。

做法:右手扶于胸前(图 4-22)。

(2) 双扶胸手。

做法:双手交叉扶于胸前(图 4-23)。

图 4-22　　　　　　　　图 4-23

16. 邀请手

(1) 单邀请手(以左为例)。

做法:左手掌心向上于平开手(图 4-24)。

(2) 双邀请手(以右为例)。

做法:双手掌心向上,右单邀请手,左手捧于右腰前(图 4-25)。

图 4-24　　　　　　　　图 4-25

（三）脚位（以右为例）

1. 前点步

做法：站小八字步，右脚掌于左脚前方点地（图 4-26）。

2. 旁点步

做法：站小八字步，右脚掌于旁点地（图 4-27）。

3. 后点步

做法：站小八字步，右脚掌于左脚后方点地（图 4-28）。

图 4-26　　　　　　图 4-27　　　　　　图 4-28

4. 斜后点步

做法：站小八字步，右脚掌于右后斜方点地（图 4-29）。

5. 斜前点步

做法：站小八字步，右脚掌于右前斜方点地（图 4-30）。

6. 交叉点步

做法：站小八字步，右脚掌于左前斜方点地（图 4-31）。

图 4 - 29　　　　　　　　图 4 - 30　　　　　　　　图 4 - 31

三、基本动律

（一）均颤动律

做法：双膝小幅度、匀速弹性地颤动。

（二）点颤动律

做法：一脚掌点地同时双膝匀速弹性地颤动。

（三）顿颤动律

做法：双膝有力地颤动。

（四）摇身动律

做法：在颤膝过程中，身体横向摇动。

四、常用手腕、手臂动作

（一）手腕

1. 里绕腕

做法：掌心向上，以手腕为轴向内环动一周成立腕，一拍完成。

2. 外翻腕

做法：立腕，以手腕为轴向外翻绕成摊手，一拍完成。

3. 弹指手

做法：指尖向上弹动，一拍一次。

（二）手臂

1. 交替推手

节拍：2/4　两拍完成

准备：基本体态。

1—：右手经提腕由掌根带动向前推出至胸前立腕。

2—：左手经提腕由掌根带动向前推出至胸前交叉立腕。

2. 猫洗脸

做法：十指交叉，双手提腕于颏下，经右手提腕、左手压腕、顺右耳上提至额前右手压腕、左手提腕、顺左耳向下绕脸一周。

3. 盖手

做法：掌形手掌心向下，经上方向下按压。

4. 捧腰手

做法：双手掌心向上平伸托于腰两侧，双肘向后略夹。

5. 对腕屈臂

节拍：4/4　四拍完成

准备：基本体态。

1—：双手提腕手背相对，屈臂于腹前。

2—：双小臂向外划绕至体后压腕，掌心相对。

3—：双手腕带动手臂提至顶手压腕。

4—：双手压腕落回体后，掌心相对。

五、基本步法

（一）抬颤步（以右为例）

做法：在基本体态基础上，双膝微颤，同时右脚后踢。

（二）横垫步（以右为例）

节拍：2/4　两拍完成

准备：站小八字步，双叉腰手。

Da—：右脚抬颤步一次。

1—：右脚跟落至左脚尖前对2点，左踮脚，重心在两腿之间。

2—：右脚尖向左平滑至8点落地，同时左脚掌向左旁迈一步。

（三）进退步（以右为例）

节拍：2/4　两拍完成

准备：站正步，双踮脚，双叉腰手。

1—：右脚向左脚前迈一步。

Da—：左踮脚向前移动半步。

2—：右脚向左脚后方撤一步。

Da—：左踮脚，原地。

(四) 蹉步(以右为例)

1. 点蹉步

节拍:2/4　两拍完成

准备:站小八字步,双叉腰手。

做法:右脚尖向前点地一次,左脚蹭地跟上。

2. 吸腿后蹭蹉步

节拍:2/4　两拍完成

准备:正步,半蹲,身体前俯。

1—:右脚后踢步一次,同时左脚后蹭地一次。

2—:右脚落地后,左脚踏地一次。

(五) 三步一抬(以右为例)

1. 前后三步一抬

节拍:4/4　四拍完成

准备:站正步,双叉腰手。

1—:右脚抬颤步一次。

2—:右脚前迈一步。

3—:左踏脚前迈一步。

4—:右脚前迈一步,成左踏步。

2. 横移三步一抬

节拍:4/4　四拍完成

准备:站正步,双叉腰手。

1—:右脚抬颤步一次。

2—:右脚落至左脚前。

3—:左踏脚同时向左横迈一大步。

4—:右脚向左横迈一步,成左踏步。

3. 转身三步一抬

节拍:4/4　四拍完成

准备:体对1点,站正步,双叉腰手。

1—:右脚抬颤步一次。

2—:向右转身,体对4点,右脚前迈一步,脚跟着地。

3—:左踏脚,向5点前迈一步。

4—:向右转身,体对8点,右脚前迈一步成左踏步。

第二节　女子实例《阿拉木汗》

女子实例《阿拉木汗》舞蹈音乐是一首流传在新疆吐鲁番地区的维吾尔族民歌,由"西部民歌之王"王洛宾改编,舞曲风格活泼而风趣,以载歌载舞的形式赞美了阿拉木汗的美丽,内容直接与维吾尔族民众特有的审美心理以及对生活的理解和追求息息相关。该实例根据歌词意境的需要,采用一问一答对话性的叙事方式,通过手、眼、身的巧妙配合塑造了婀娜多姿、端庄秀丽的阿拉木汗形象,作品生动、亲切、欢快,极富参与性和感染力。

该实例上肢舞蹈动态创作采用了丰富生动的花形手、托帽手、遮羞手、顿肘手、夏克手、邀请手、里绕腕、外翻腕、弹指手、交替推手等基本手形、手位和常用手腕、手臂动作,手语释义分解合理,各种变化多端的上肢舞蹈动态令人眼花缭乱。譬如:在第一段第3节"阿拉木汗什么样"中,将"图4-32 姑娘"的手语释义艺术转化为"左斜上、右单托帽手里绕腕一次做'图4-38 姑娘'"的上肢舞蹈动态。其中"托帽手"动作显然是从生活中提炼升华的典型舞蹈语汇,一方面折射出维吾尔族对服饰及发型的喜好,另一方面作为一种礼仪,作为维吾尔族文化的一种标志,作品中阿拉木汗头戴小帽、右耳戴花、辫子随意飘洒之下尽显舞蹈的典型特征。随后,将"图4-33 什么样(1)"、"图4-34 什么样(2)"、"图4-35 什么样(3)"的手语释义艺术转化为"双手经体前外翻腕一次做'图4-39 什么样(1)'至平开手掌心向上做'图4-40 什么样(2)'至双手于脸颊两侧里绕腕一次成'└┘'形手做'图4-41 什么样(3)'"的上肢舞蹈动态,"外翻腕"、"里绕腕"动作的花手形与佛教"莲花诀"的手捏莲花有着某种关联,塑造了阿拉木汗如同一朵莲花在泥不染、在世不污、自性开发、温柔可爱的形象,同时通过"外翻腕"和"里绕腕"之间装饰性的手舞变化,将维吾尔族手语舞蹈细腻、含蓄的风格韵味和人物性格特色整体地勾勒出来,这是该作品又一典型特征。再如:在第二段第4—6节"为她(黑夜)没(瞌)睡,为她(白天常)咳嗽"中,将"图4-80 为"、"图4-45 她"、"图4-81 没有(1)"、"图4-82 没有(2)"、"图4-83 睡觉"、"图4-84 咳嗽"的手语释义艺术转化为"左前手位外翻腕一次做'图4-85 为她(1)'至里绕腕一次做'图4-86 为她(2)',双手前手位外翻腕一次、摇头做'图4-87 没有睡觉(1)'至双手合十于左侧脸颊处、闭眼倒头做'图4-88 没有睡觉(2)',双手前手位外翻、里绕腕各一次做'图4-89 为她'至右遮羞手、左手单指至喉部里绕腕、移颈做'图4-90 咳嗽'"的上肢舞蹈动态,除了通过叙事方式表达,还以手腕的变化以及遮羞手、移颈等方式呈现舞蹈的形态美,将维吾尔族姑娘的昂首、挺胸、斜视等舞蹈体态特征置于回眸一笑的神秘面纱之下,极富感情色彩,具有很高的艺术审美价值。

膝部舞蹈动态创作是在均颤动律、点颤动律、顿颤动律巧妙地合着鼓点的后半拍屈伸之下,突出维吾尔族舞蹈膝部连续性微颤和变换动作前瞬间的微颤动律特征,结合上身摇身动律使舞蹈动作衔接自然、柔美,营造出维吾尔族特有的风土人情和审美情趣。譬如:在第一段第5—6节"她(的)眉毛像弯月,(她的)腰身像棉柳"中,"图4-48她(1)"、"图4-49她(2)"、"图4-50眉毛像弯月"膝部舞蹈动态均采用顿颤动律,在运动轨迹上聚集了足够的能量强调"顿"感,与上身阴柔的手舞动态形成一种互补,刚柔相济,将阿拉木汗坚韧、活泼的形象进一步充实;而后,"图4-51苗条(1)"的点颤动律与叙事情节的推进融为一体,配合右围腰手打响指的舞姿身韵,在转动身体的瞬间将阿拉木汗轻盈的身姿尽显出来,紧接着"图4-52苗条(2)"使用了均颤动律,同时配合夏克手,进一步突出人物柔美、柔情的一面。作品根据舞蹈意境的需要,在保留了顿颤动律、点颤动律、均颤动律的基础上,以观赏性的动态语汇表现了维吾尔族女性身体动律之美,这种美蕴藏在维吾尔族民间手语舞蹈艺术之中。

脚部舞蹈动态创作主要以抬颤步、横垫步、三步一抬、旁点步、进退步、点蹉步等步法的变化为切入点,紧扣赛乃姆附点节奏的变化,表现脚部舞蹈动态运动过程中的节奏美感。譬如:在第二段第3节"阿拉木汗住在哪里"中,舞蹈动态表现为"左转身三步一抬一次,同时均颤动律,经右斜上、左单托帽手里绕腕一次做'图4-74姑娘家(1)'至双盖手成'∧'形做'图4-75姑娘家(2)',右转身三步一抬一次,同时均颤动律,右手单指至前手位弹指手做'图4-76哪里'",其中"三步一抬"作为脚部舞蹈动态显得干脆而灵巧,在步态中引发无尽的联想,配合上肢舞蹈动态和膝部均颤动律,在规范的舞蹈语汇中合乎逻辑地表达,实现了舞蹈整体动态的和谐统一,烘托了气氛,增强了艺术效果。

阿拉木汗

维吾尔族民歌
王洛宾 改编

1=F 4/4

(5555 54 3. 1 | 7632 1 67 1 1 0) ‖: 5111 712 3. 1 |

1.阿 拉木汗 什 么 样?
2.阿 拉木汗 住在哪 里?

7654 3121 0 :‖ 0555 6 111 0 | 0111 61 655 0 |

身段不肥也 不 瘦。　　她的眉毛像弯月,　　她的腰身 像棉柳,
吐鲁番西三 百 六。　　为她黑夜没瞌睡,　　为她白天 常咳嗽,

0111 61 655 3 | 0553 3223 0 | 5111 12 3. 1 |

她的小嘴很多 情啊,　　眼睛能使你发抖。　　阿拉木汗什么 样?
为她冒着风和 雪,　　为她鞋底常跑透。　　阿拉木汗住哪 里?

准备:体对5点,右旁点步,右遮羞手,眼看右斜下位。

第一段

第1—2节:点颤、摇身动律。

第3—4节:阿拉木汗什么样?身段不肥也不瘦。

阿拉木汗(姑娘):右手拇指、食指捏一下耳垂(图4-32)。

什么样:(1) 双手平伸,掌心向下(图4-33),然后翻转为掌心向上(图4-34);(2) 双手拇指、食指成"└ ┘"形于脸颊两侧,然后上下交替动几下(图4-35)。

图4-32 姑娘

图4-33 什么样(1)

图4-34 什么样(2)

图4-35 什么样(3)

身段不肥也不瘦(身材好):(1) 双手掌心向内,贴于胸部,向下略移,表示身体(图4-

36);(2)一手伸出拇指(图4-37)。

图4-36 身材好(1)

图4-37 身材好(2)

1— 阿拉木汗(姑娘):向左转身,体对8点,经右抬颤步一次至踮脚跑,经左斜上、右单托帽手里绕腕一次做"姑娘"(图4-38),眼看左斜上位。

2—4 什么样:第2拍,右脚后撤一步成右踏步半蹲,向右转体一周,双手经体前外翻腕一次做"什么样(1)"(图4-39)至平开手掌心向上做"什么样(2)"(图4-40),眼看右斜下位;第3—4拍,体对1点,左踏步渐屈膝,双手经脸颊两侧里绕腕一次成"⌞ ⌟"形手做"什么样(3)"(图4-41),同时移颈,眼看正中位。

图4-38 姑娘

图4-39 什么样(1)

图4-40 什么样(2)

图4-41 什么样(3)

5—8 身段不肥也不瘦(身材好):第5—6拍,体对1点,向7点右横垫步两次,双手经胸前切掌做"身材好(1)"(图4-42)至捧腰手做"身材好(2)"(图4-43);第7—8拍,继续右横垫步两次,经体前双拇指冲推手至平开手做"身材好(3)"(图4-44),同时移颈,眼看正中位。

图 4-42　身材好(1)　　　图 4-43　身材好(2)　　　图 4-44　身材好(3)

第 5—6 节：她(的)眉毛像弯月,(她的)腰身像棉柳。

她：一手食指指向侧方第三者(图 4-45)。

眉毛像弯月：一手食指在眉毛处划一下(图 4-46)。

图 4-45　她　　　　　图 4-46　眉毛像弯月　　　图 4-47　苗条

腰身像棉柳(苗条)：双手掌心贴于腰部两侧,表示腰身瘦纤长、苗条(图 4-47)。

1—4 她眉毛像弯月：体对 1 点,向 3 点左横垫步四次,双手单指经胸前交叉里绕腕一次做"她(1)"(图 4-48)推手至平开手做"她(2)"(图 4-49)至眉毛弹指手做"眉毛像弯月"(图 4-50),同时移颈,眼看正中位。

图 4-48　她(1)

图4-49 她(2)　　　　　　图4-50 眉毛像弯月

5—8 腰身像棉柳(苗条)：右踏步半蹲，向右转体一周，经右围腰手打响指做"苗条(1)"(图4-51)至右、左旁点步各一次、左起夏克手两次做"苗条(2)"(图4-52)。

图4-51 苗条(1)　　　　　图4-52 苗条(2)

第7—8节：(她的小)嘴(很)多情(啊)，眼睛(能)使你(发)抖。

嘴：一手食指沿口部转一周(图4-53)。

多情：(1) 一手侧立，五指分开，向外略抖动几下(图4-54)；(2) 双手五指张开，掌心相贴，左手不动(图4-55)，右手自左向右搓动(图4-56)。

图4-53 嘴

图4-54 多情(1)　　　　图4-55 多情(2)　　　　图4-56 多情(3)

眼睛：一手食指指眼部(图4-57)。

使(让)：双手平伸，掌心向上，同时向一侧略移(图4-58)。

图4-57 眼睛　　　　　　图4-58 让

你：一手食指指向对方(图4-59)。

抖：双手握拳，紧靠腰两侧，并抖动身体(图4-60)。

 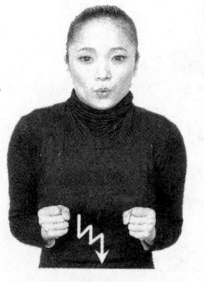

图4-59 你　　　　　　图4-60 抖

1—2 嘴：体对1点，左脚于右脚前向右旁迈两步成左旁点步，右夏克手一次做"嘴"(图4-61)。

3—4 多情：向左转身，体对8点，左脚起前迈两步成屈膝右前点步，同时点颤、摇身动律，双手掌心向内经胸前切掌抖动做"多情(1)"(图4-62)，至左脚前迈一步成右斜后点步，同时点颤、摇身动律，经胸前右按、左端手碾动成左按、右端手做"多情(2)"(图4-63)，眼经左斜下位至左斜上位。

图 4-61 嘴　　　　　图 4-62 多情(1)　　　　　图 4-63 多情(2)

5— 眼睛：向右转身，体对 2 点，左脚向前迈一步成右踏步半蹲，双手单指至眼睛两侧弹指手做"眼睛"（图 4-64），眼看正中位。

6—8 使你抖（让你抖）：第 6 拍，右踏步半蹲，向右快速转一周成左踏步，左起双邀请手一次做"让你抖(1)"（图 4-65）；第 7—8 拍，向左快速转身，体对 5 点，右后点步，双手单指经胸前交叉里绕腕一次推手至平开手做"让你抖(2)"（图 4-66），眼看正上位。

图 4-64 眼睛　　　　　图 4-65 让你抖(1)　　　　　图 4-66 让你抖(2)

第 9—10 节：阿拉木汗什么样？身段不肥也不瘦。

1—8：同第一段第 3—4 节手语舞蹈动作。

第 11—12 节：阿拉木汗什么样？身段不肥也不瘦。

1—8：同第一段第 3—4 节手语舞蹈动作。

第二段

第 1 节：体对 7 点，右进退步两次，对腕屈臂两次。

第 2 节：向左转身，体对 3 点，同第 1 节动作。

第 3—4 节：阿拉木汗住在哪里？吐鲁番西三百六。

阿拉木汗（姑娘）：同图 4-32 手语翻译。

住在（家）：双手搭成"∧"形（图 4-67）。

哪里：一手伸食指，指尖向前下方随意指点几下（图 4-68）。

图 4-67 家

图 4-68 哪里

吐鲁番：(1) 左手拇指、食指、中指相捏如提物状，右手拇指、食指捏成小圆形，在左手下虚点几下（图 4-69）；(2) 双手食指直立，指面相对，边弯动由中间向两侧"⊓⊔⊓⊔"移动（图 4-70）。

西：右手横立，指尖向左（图 4-71）。

图 4-69 吐鲁番(1)

图 4-70 吐鲁番(2)

图 4-71 西

三百六：(1) 一手中指、无名指、小指直立，从左向右挥动一下（图 4-72）；(2) 一手伸拇指、小指，指尖向上（图 4-73）。

图 4-72 三百六(1)

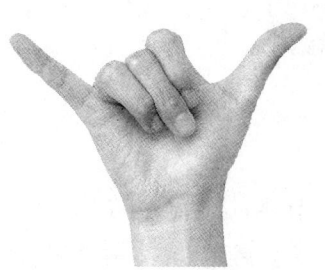
图 4-73 三百六(2)

1—2 阿拉木汗住在（姑娘家）：体对1点，左转身三步一抬一次，经右斜上、左单托帽手里绕腕一次做"姑娘家(1)"（图4-74）至双盖手成"∧"形手做"姑娘家(2)"（图4-75）。

3—4 哪里：右转身三步一抬一次，右手单指至前手位弹指手做"哪里"（图4-76），左平开手。

图4-74 姑娘家(1)　　　图4-75 姑娘家(2)　　　图4-76 哪里

5—8 吐鲁番西三百六：第5拍，体对8点，左脚向6点前迈一步成右旁点步，双手经左斜上手里绕腕一次做"吐鲁番西(1)"（图4-77），至右脚快速后撤一步成右踏步半蹲转、同时胸前右切掌做"吐鲁番西(2)"（图4-78）；第6—8拍，经右踏步半蹲转成左踏步，左起双晃手做"三百六"（图4-79）。

图4-77 吐鲁番西(1)　　图4-78 吐鲁番西(2)　　图4-79 三百六

第3—4节：阿拉木汗住在哪里？吐鲁番西三百六。

1—8：同第二段第3—4节手语舞蹈动作。

第5—6节：为她（黑夜）没（瞌）睡，为她（白天常）咳嗽。

为:右手伸拇指、食指,食指指尖向前,腕部向右转动一下(图4-80)。

她:同图4-45手语翻译。

没(没有):一手拇指、食指、中指指尖向上,互捻一下(图4-81),然后手伸开(图4-82)。

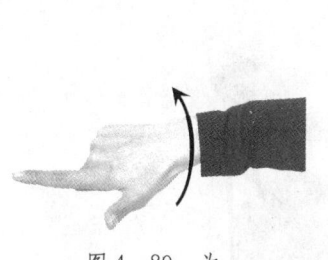

图4-80 为　　　　　图4-81 没有(1)　　　　　图4-82 没有(2)

睡(睡觉):一手掌心贴于头侧,头略倾,闭眼,如睡觉状(图4-83)。

咳嗽:一手食指指喉部,口略张开,头部点动几下,如咳嗽动作(图4-84)。

图4-83 睡觉　　　　　　　　　图4-84 咳嗽

1—2 为她:向右转身,体对2点,左脚前迈一步成屈膝左前点步,同时点颤、摇身动律两次,左前手位外翻腕一次做"为她(1)"(图4-85)至里绕腕一次做"为她(2)"(图4-86),右叉腰手。

图4-85 为她(1)　　　　　　　图4-86 为她(2)

3—4 没睡（没有睡觉）：第3拍，屈膝左前点步，同时点颤、摇身动律一次，双手前手位外翻腕一次、摇头做"没有睡觉（1）"（图4-87）；第4拍，重心前移成右踏步，全蹲，同时摇身动律一次，双手合十至左侧脸颊处、闭眼倒头做"没有睡觉（2）"（图4-88）。

图4-87　没有睡觉（1）　　　　图4-88　没有睡觉（2）

5—6 为她：起身，体对2点，右脚前迈一步成左斜后点步，同时点颤、摇身动律两次，双手前手位外翻、里绕腕各一次做"为她"（图4-89），眼看正中位。

7—8 咳嗽：左脚旁迈一步成右斜后点步，同时点颤、摇身动律两次，右遮羞手、左手单指至喉部里绕腕、移颈做"咳嗽"（图4-90），眼看右斜下位。

图4-89　为她　　　　图4-90　咳嗽

第7—8节：为她冒（着）风（和）雪，为她鞋底（常）跑透。

为：同图4-80手语翻译。

她：同图4-45手语翻译。

冒：左手成半圆形，虎口向上，右手打手指字母"M"的指式（图4-91），从左手虎口里伸出来（图4-92）。

图 4-91　冒(1)　　　　　　图 4-92　冒(2)

风雪：(1) 一手直立，五指略屈，左右来回扇动几下(图 4-93)；(2) 掌心斜向下，五指分开，边交替点动边向斜下方缓缓下降(图 4-94)。

图 4-93　风雪(1)　　　　　　图 4-94　风雪(2)

鞋底(鞋)：左手五指略屈，掌心向下，右手五指并拢，掌心向下插入左手，如穿鞋状(图 4-95)。

跑透(坏了)：一手伸小指，并抖动一下(图 4-96)。

图 4-95　鞋　　　　　　图 4-96　坏了

1— 为她：向左转身体对 7 点，右脚快速前迈两步成踮脚，双手经体前提腕做"为她(1)"(图 4-97)至压腕于平开手做"为她(2)"(图 4-98)。

2— 冒：正步踩脚、顿颤动律一次，右顿肘手做"冒"(图 4-99)。

205

图 4-97　为她(1)　　　图 4-98　为她(2)　　　图 4-99　冒

3—4 风雪：右进退步一次，双手掌形经胸前交叉柔婉一次至斜上手做"风雪(1)"(图 4-100)至左斜上手抖动至右斜下手做"风雪(2)"(图 4-101)。

图 4-100　风雪(1)　　　　　图 4-101　风雪(2)

5—8 为她鞋底跑透(为她鞋坏了)：第 5—6 拍，体对 1 点，左起点蹉步两次，经体前右起交替推手一次做"为她"(图 4-102)、"鞋"(图 4-103)；第 7—8 拍，左起点蹉步两次，经体前右起交替推手抖动做"坏了"(图 4-104)，眼看正中位。

图 4-102　为她　　　图 4-103　鞋　　　图 4-104　坏了

第9—10节:阿拉木汗住在哪里?吐鲁番西三百六。

1—8:同第二段第3—4节手语舞蹈动作。

第13—14节:阿拉木汗住在哪里?吐鲁番西三百六。

1—8:同第二段第3—4节手语舞蹈动作。

第三节 男子实例《掀起你的盖头来》

男子实例《掀起你的盖头来》舞蹈音乐是王洛宾在兰州参加抗日宣传活动时收集、整理、改编的维吾尔族民歌,歌曲明快而简洁,抒情而流畅,风靡五湖四海。该实例以歌词内容、音乐特点为创作背景,表现了维吾尔族青年男子求偶时特有的言情方式和对美好生活的向往,从一个侧面展示了维吾尔族民俗文化的发展轨迹。

该实例上肢舞蹈动态创作融会了掌形、拇指冲手、斜前手、斜上手、里绕腕、外翻腕、弹指、扶胸手、顿肘手等基本手形、手位和常用手腕、手臂动作,使手舞演绎变得层次分明,在内容上强调情理统一,形式上则在手舞的能指和所指功能下实现作品的艺术感染力。譬如:在第一段第1—4节"掀(起了你的)盖头(来),(让)我看你(的)眉毛"中,将"图4-105掀盖头"的手语释义艺术转化为"右手经额前里绕腕一次做'图4-110掀盖头(1)'至右斜上手做'图4-111掀盖头(2)'至左手起经额前里绕腕一次做'图4-112掀盖头(3)'至左斜上手做'图4-113掀盖头(4)'"的上肢舞蹈动态,以里绕腕经额前至斜上手"掀"的手舞动态为主题贯穿整个作品,将生活中的动作加以模仿并舞蹈化,同时配合灵活的眼神、肩部的抖动,来展现维吾尔族青年男子对幸福爱情的憧憬;紧接着,将"图4-106我"、"图4-107看"、"图4-108你"的手语释义艺术转化为"左平开手、右扶胸手做'图4-114我看你(1)'至双手于体前里绕腕一次成单指推手做'图4-115我看你(2)'"的上肢舞蹈动态,"扶胸手"置于胸前表示爱慕,与宗教信仰有关,"里绕腕"和"推手"的承接关系形成了丰富生动的流动造型,具有热情乐观但不轻浮,稳重细腻却不琐碎的风格韵味;随后,"图4-109眉毛"的手语释义艺术转化为"双手单指至眉前外翻腕一次做'图4-116眉毛',同时扬眉、移颈、耸肩"的上肢舞蹈动态,随着晃头、耸肩、外翻腕等身体动态语言的叠加,把含蓄逗乐的人物形象表达得恰如其分,体现出作品风趣、愉悦的风格特征。

膝部舞蹈动态创作是在点颤动律、均颤动律、顿颤动律之间变化的基础上,将颤膝而产生的舞动情绪波及上肢、脚部乃至全身,融入编导的主观意图后,更加强调颤膝动律的内心节奏及艺术表现力。也就是说,在膝部舞蹈动态创作过程中,"颤膝"可以引发上肢手舞和步态变化的动势,重点突出维吾尔族男子洒脱、诙谐、勇敢、厚重的性格特征以及维吾尔族人民的审美取向。

脚部舞蹈动态创作主要以三步一抬、进退步、抬颤步、蹲裆步、点蹉步等步法特有的动作语汇为切入点,结合拇指冲手、响指、里绕腕、外翻腕、顿肘手、耸肩以及逗趣的情景表现维吾尔族青年男女之间逗、乐、哄、喜的舞蹈场景。譬如:在第一段第1—2节"掀(起了你的)盖头(来)"中,"图4-110掀盖头(1)"、"图4-111掀盖头(2)"、"图4-112掀盖头(3)"、"图4-113掀盖头(4)"脚部舞蹈动态采用"三步一抬",创作抓住"一抬"最主要的沟通符号,即在抬的瞬间动力脚向后蹭地后踢,用俏皮"一抬"的动态形式将维吾尔族青年勇敢追求幸福生活的美好愿望迸发出来。再如:在第一段第5—8节"你(的)眉毛细(又)长(啊),好像(那)树梢(的弯)月亮"中,舞蹈动态为"左腿后抬,双手至体前里绕腕一次成单指推手做'图4-124你'至右抬颤步一次成右勾脚前点步,双手单指至眉前外翻腕一次做'图4-116眉毛'反面动作",在"左腿后抬"顺延"右抬颤步"的逻辑关系上,进一步表现了维吾尔族青年爽朗的一面。而后,"图4-125细长(1)"、"图4-126细长(2)"、"图4-127细长(3)"与"图4-128好像(1)"、"图4-129好像(2)"的脚部动态在"跪地"、"跳起身成正步"、"蹲裆步"动态之间转换,每一个转换紧扣音乐节奏和手舞动态,实现了上肢、膝部、脚部舞蹈动态与音乐的交汇、碰撞、融合,即表现了人物怡然自得的心情,又表现了人物诙谐、幽默、机智的神采,重点突出了维吾尔族男子手语舞蹈的基本美学特征。

掀起你的盖头来

维吾尔族民歌
王洛宾 改编

1=F 2/4

| 1 1 1 1 4 3 | 2. 4 3 | 1. 1 1 4 3 | 2. 4 3 |

1.掀 起了 你的 盖 头 来,   让 我看你的 眉   毛。
2.掀 起了 你的 盖 头 来,   让 我看你的 眼   睛。
3.掀 起了 你的 盖 头 来,   让 我看你的 脸   儿。

| 3 2 3 2 3 3 2 | 3 4 3 2 1 1 | 2 2 4 3 3 2 | 1 5 5 |

你 的 眉 毛 细 又 长 啊, 好 像 那 树 梢 的 弯 月 亮。
你 的 眼 睛 明 又 亮 啊, 好 像 那 秋 波 一 般 样。
你 的 脸 儿 红 又 圆 啊, 好 像 那 苹 果 到 秋 天。

| 3 2 3 2 3 3 2 | 3 4 3 2 1 1 | 2 2 4 3 3 2 | 1 1 1 |

你 的 眉 毛 细 又 长 啊, 好 像 那 树 梢 的 弯 月 亮。
你 的 眼 睛 明 又 亮 啊, 好 像 那 秋 波 一 般 样。
你 的 脸 儿 红 又 圆 啊, 好 像 那 苹 果 到 秋 天。

第一段

第1—4节：掀（起了你的）盖头（来），（让）我看你（的）眉毛。

掀盖头：一手掌心向内于脸前如盖头盖在头上，然后向上做掀起的动作（图4-105）。

我：一手食指指自己（图4-106）。

看：一手食指、中指分开，指尖向前，从眼部向前移动一下（图4-107）。

图4-105 掀盖头　　　　图4-106 我　　　　图4-107 看

你：一手食指指向对方（图4-108）。

眉毛：一手食指在眉毛处划一下（图4-109）。

图4-108 你　　　　图4-109 眉毛

1—4掀盖头：第1—2拍，体对1点，右起横移三步一抬一次，右手经额前里绕腕一次做"掀盖头（1）"（图4-110）至右斜上手做"掀盖头（2）"（图4-111）；第3—4拍，左起横移三步一抬一次，左手起经额前里绕腕一次做"掀盖头（3）"（图4-112）至左斜上手做"掀盖头（4）"（图4-113）。

图4-110 掀盖头（1）

图 4-111 掀盖头(2)

图 4-112 掀盖头(3)

图 4-113 掀盖头(4)

5—6 我看你：向右转身，体对 2 点，右脚前迈一步成左斜后点步，同时点颤、摇身动律两次，左平开手、右扶胸手做"我看你(1)"(图 4-114)至双手于体前里绕腕一次成单指推手做"我看你(2)"(图 4-115)，眼看正中位。

7—8 眉毛：向左转身，体对 8 点，左抬颤步一次成左勾脚前点步，双手单指至眉前外翻腕一次做"眉毛"(图 4-116)，同时扬眉、移颈、耸肩，眼看正中位。

图 4-114 我看你(1)

图 4-115 我看你(2)

图 4-116 眉毛

第 5—8 节：你(的)眉毛细(又)长(啊)，好像(那)树梢(的弯)月亮。

你：同图 4-108 手语翻译。

眉毛：同图 4-109 手语翻译。

细长：(1) 双手拇指、小指相捏(图 4-117)，从中间向两侧拉开(图 4-118)；(2) 双手食指直立，指面相对，从中间向两侧拉开(图 4-119)。

  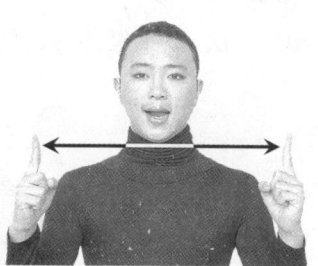

图4-117　细长(1)　　　　图4-118　细长(2)　　　　图4-119　细长(3)

好像:(1)一手伸出拇指(图4-120);(2)一手食指、中指直立,掌心向外,向脸颊部碰一下(图4-121)。

 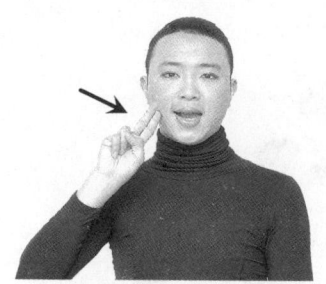

图4-120　好像(1)　　　　　　图4-121　好像(2)

树梢:双手拇指、食指相搭成大圆形,向上移动(图4-122)。

月亮:双手拇指、食指张开,指尖相对,从中间边向两侧下方做弧形移动边捏合拇指、食指,如半弦月亮状(图4-123)。

图4-122　树梢　　　　　　图4-123　月亮

1—　你:向右转身,体对2点,左腿后抬,双手至体前里绕腕一次成单指推手做"你"(图4-124),眼看正中位。

2—　眉毛:做图4-116反面手语舞蹈动作。

3—4 细长:第3拍,体对1点,右腿跪地,双手经体前外翻腕一次成拇指、小指相捏做

"细长(1)"(图4-125)拉开至斜前手做"细长(2)"(图4-126);第4拍,右腿跪地,同时摇身动律一次,双手经体前里绕腕一次成单指推至平开手做"细长(3)"(图4-127)。

图4-124 你

图4-125 细长(1)

图4-126 细长(2)

图4-127 细长(3)

5— 好像:跳起身成正步,左手背后,右顿肘手打响指做"好像(1)"(图4-128),至蹲裆步,双手剑指于脸颊两侧里绕腕一次做"好像(2)"(图4-129)。

图4-128 好像(1)

图4-129 好像(2)

6— 树梢：经蹲裆步至左旁点步，同时点颤、摇身动律，双手经体前盖手做"树梢（1）"（图4-130）推手至斜上位做"树梢（2）"（图4-131）。

图4-130　树梢（1）

图4-131　树梢（2）

7—8 月亮：向左转身，体对7点，右进退步一次，双手经上分手至斜上手成掌心相对打响指做"月亮（1）"（图4-132）、"月亮（2）"（图4-133），眼看左斜上位。

图4-132　月亮（1）

图4-133　月亮（2）

第9—12节：你（的）眉毛细（又）长（啊），好像（那）树梢（的弯）月亮。

1—8：同第一段第5—8节手语舞蹈动作。

第二段

第1—4节：掀（起了你的）盖头（来），（让）我看你（的）眼睛。

掀盖头：同图4-105手语翻译。

我：同图4-106手语翻译。

看：同图4-107手语翻译。

你:同图4-108手语翻译。

眼睛:一手食指指眼部(图4-134)。

图4-134 眼睛

图4-135 眼睛

1—6 掀盖头我看你:同图4-110、图4-111、图4-112、图4-113、图4-114、图4-115手语舞蹈动作。

7—8 眼睛:重心移至左腿,右腿跪地,右拇指冲推手至眼部做"眼睛"(图4-135),左后背手,眼看右斜上位。

第5—8节:你(的)眼睛明(又)亮(啊),好像(那)秋波一(般)样。

你:同图4-108手语翻译。

眼睛:同图4-134手语翻译。

明亮:双手五指相捏,指尖相对(图4-136),然后分别向两侧上方移动,并张开五指,表示有光亮(图4-137)。

图4-136 明亮(1)

图4-137 明亮(2)

好像:同图4-120、图4-121手语翻译。

秋波一样:(1)左手握拳,手背向上,右手伸食指在左拳无名指骨节处点一下,表示秋季(图4-138);(2)一手横伸,掌心向下,向一侧做波浪形移动,动作幅度稍大(图4-139);(3)一手食指、中指分开,左右平行移动两下(图4-140)。

图4-138 秋波一样(1)

图4-139 秋波一样(2)

图4-140 秋波一样(3)

1—你：起身，体对2点，右脚前迈一步成左斜后点步，同时点颤、摇身动律一次，双手至体前里绕腕一次成单指推手做"你"（图4-141），眼看正中位。

2—眼睛：向左转身，体对8点，左抬颤步一次成左勾脚前点步，右拇指冲推手至眼部做"眼睛"（图4-142），眼看正上位。

图4-141 你

图4-142 眼睛

3—4 明亮：第3拍，体对1点，右起点蹉步一次，双手经体前空心拳做"明亮(1)"（图4-143）至斜上分手扩指做"明亮(2)"（图4-144）；第4拍，做第3拍反面动作。

图4-143 明亮(1)

图4-144 明亮(2)

5——好像:同图4-128、图4-129手语舞蹈动作。

6—8 秋波一样:体对1点,左起吸腿后蹬蹉步三次,前行,双手经体前,右手指点动,左手无名指骨节做"秋波一样(1)"(图4-145)至胸前波浪手做"秋波一样(2)"(图4-146)。

图4-145　秋波一样(1)　　　　图4-146　秋波一样(2)

第9—12节:你(的)眼睛明(又)亮(啊),好像(那)秋波一(般)样。

1—8:同第二段第5—8节手语舞蹈动作。

第三段

第1—4节:掀(起了你的)盖头(来),(让)我看你(的)脸(儿)。

掀盖头:同图4-105手语翻译。

我:同图4-106手语翻译。

看:同图4-107手语翻译。

你:同图4-108手语翻译。

脸:一手五指并拢轻贴一下面颊部(图4-147)。

图4-147　脸　　　　　　图4-148　脸

1—6 掀盖头我看你：同图 4-110、图 4-111、图 4-112、图 4-113、图 4-114、图 4-115 手语舞蹈动作。

7—8 脸：向左转身，体对 8 点，左抬颤步一次成左勾脚前点步，双手至脸旁托手做"脸"（图 4-148），同时移颈，眼看正中位。

第 5—8 节：(你的脸儿)红(又)圆(啊)，好像(那)苹果到秋天。

红圆：(1) 一手打手指字母"H"的指式，并摸摸嘴唇（图 4-149）；(2) 双手拇指、食指略弯，虎口向外，搭成圆形（图 4-150）。

图 4-149 红圆(1)

图 4-150 红圆(2)

好像：同图 4-120、图 4-121 手语翻译。

苹果：(1) 双手平伸，掌心向下（图 4-151），向两边平行移动（图 4-152）；(2) 双手拇指、食指搭成圆形，如苹果大小（图 4-153）。

到：一手伸拇指、小指，向前做弧形移动，然后向下一顿（图 4-154）。

图 4-151 苹果(1)

秋天：同图 4-138 手语翻译。

图 4-152 苹果(2)

图 4-153 苹果(3)

图 4-154 到

1—2 脸：体对 1 点，右起横移三步一抬一次，双手托掌至脸颊两侧做"脸"（图 4-155）。

3—4 红圆：体对 1 点，左起横移三步一抬一次，左手剑指经嘴唇前外翻腕一次做"红圆

(1)"(图4-156)至胸前盖手成圆形做"红圆(2)"(图4-157)。

图4-155 脸

图4-156 红圆(1)

图4-157 红圆(2)

5——好像：体对1点，大八字步压脚跟两次，双顿肘手经胸前推手打响指做"好像(1)"(图4-158)至双手剑指于脸颊两侧里绕腕一次做"好像(2)"(图4-159)。

图4-158 好像(1)

图4-159 好像(2)

6——苹果：体对1点，大八字步压脚跟两次，经右斜前双盖手做"苹果(1)"(图4-160)推至按手做"苹果(2)"(图4-161)至左斜前端手成圆形做"苹果(3)"(图4-162)。

图4-160 苹果(1)

图4-161 苹果(2)

图4-162 苹果(3)

7—8 到秋天：大八字步压脚跟三次，经胸前外翻腕一次成右拇指冲手推至左斜前手做"到秋天(1)"(图4-163)，至双手经体前，右手指点动，左手无名指骨节做"到秋天(2)"(图4-164)。

图4-163 到秋天(1)

图4-164 到秋天(2)

第9—12节：你(的)脸(儿)红(又)圆，好像(那)苹果到秋天。

脸：同图4-147手语翻译。

红圆：同图4-149、图4-150手语翻译。

好像：同图4-120、图4-121手语翻译。

苹果：同图4-151、图4-152、图4-153手语翻译。

到：同图4-154手语翻译。

秋天：同图4-138手语翻译。

1—6 脸红圆好像苹果：同图4-155、图4-156、图4-157、图4-158、图4-159、图4-160、图4-161、图4-162手语舞蹈动作。

7—8 到秋天：右腿跪地，经胸前外翻腕一次成右拇指冲手推至左斜前手做"到秋天(1)"（图4-165）至右手指点动左手无名指骨节做"到秋天(2)"（图4-166）。

图4-165 到秋天(1)

图4-166 到秋天(2)

第四节 知识拓展

本节针对维吾尔族民间手语舞蹈创作进行手语知识拓展[1]，选择的曲目为《青春舞曲》。歌曲为维吾尔族民歌，由王洛宾改编，旋律优美流畅，采用重复和衍化动机的手法给人以亲切、活泼和充满活力的审美享受，尤其值得一提的是，通过歌词呈现的生活现象提醒人们珍惜时光，蕴含着深刻的人生哲理。

青春舞曲

维吾尔族民族
王洛宾 改编

[1]《青春舞曲》手语翻译文字初稿，由南京特殊教育师范学院史玉凤副教授于2010年撰写，在此表示感谢。

5									6								

3 2 7 1　3 2 1 7　6 6　6　　6·1 1 1　1· 7　6·1 7 6 7

我的青春 小鸟一样 不 回 来，　（别的 那呀呀　哟别的 那呀哟）
我的青春 小鸟一样 不 回 来，　（别的 那呀呀　哟别的 那呀哟）
我的青春 小鸟一样 不 回 来，　（别的 那呀呀　哟别的 那呀哟）

7　　　　　　　　　　　　　　　　　　　　　
7　1　2　4　3　2　1　7　6　6　6

我 的 青 春 小 鸟 一 样 不 回 来。
我 的 青 春 小 鸟 一 样 不 回 来。
愿 我的 青 春 永 远 留 下 来。

第一段

第1节：太阳下山明朝依旧爬上来。

太阳下山：双手拇指、食指搭成大圆形，从身体右侧经头顶上方做向左弧形移动，表示太阳从东边升起，在西边落下（图4-167）。

明朝（明天）：一手食指指于太阳穴处，头略倒，然后食指向外移动，头部转正，表示睡觉过了一天，即"明天"之意（图4-168）。

图4-167　太阳下山

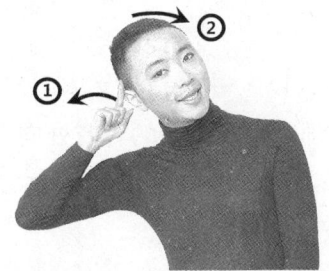
图4-168　明天

依旧：一手食指、中指横伸分开，置肩部前后划动两下，表示现在与过去一样（图4-169）。

爬上来（升起）：双手拇指、食指搭成大圆形，从身体右侧向头顶做弧形移动，如太阳升起（图4-170）。

图 4-169 依旧

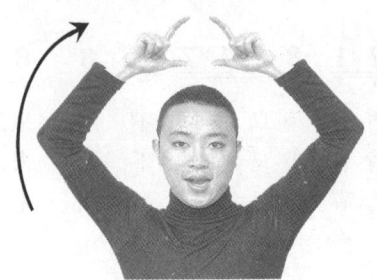
图 4-170 升起

第 2 节：花（儿）谢（了）明年（还是）一样开。

花谢：双手五指张开，掌心向上（图 4-171），然后手指逐渐收拢（图 4-172），并转动手腕指尖向下，如花瓣萎缩状（图 4-173）。

图 4-171 花谢(1)

图 4-172 花谢(2)

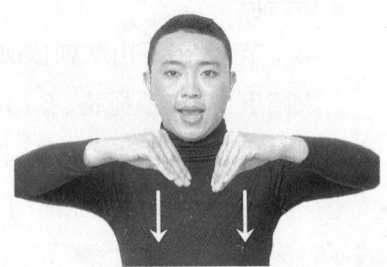
图 4-173 花谢(3)

明年：(1) 一手食指指于太阳穴处，头略倒，然后食指向外移动，头部转正（图 4-174）；(2) 右手伸食指从左拳的骨节处向下划（图 4-175）。

一样：一手食指、中指分开，左右平行移动两下（图 4-176）。

图 4-174 明年(1)

图 4-175 明年(2)

图 4-176 一样

开（开花）：一手五指撮合，指尖向上（图 4-177），然后放开五指（图 4-178）。

图4-177 开花(1)
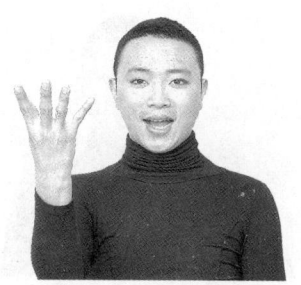
图4-178 开花(2)

第3节：美丽(小)鸟飞去无影踪。

美丽：一手伸拇指、食指、中指，食指、中指并拢指尖于鼻部(图4-179)，然后边向外移动边收拢食指、中指，至伸出拇指，表示美丽、好看、漂亮的意思(图4-180)。

图4-179 美丽(1)
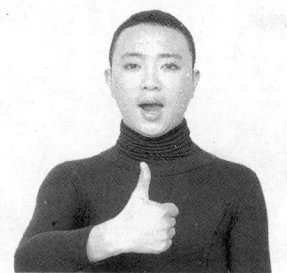
图4-180 美丽(2)

鸟飞：一手拇指、食指先捏成尖形，手背贴于嘴上，指尖开合几下，表示鸟嘴(图4-181)；然后双手侧伸，掌心向下，扇动几下(图4-182)。

去：一手伸拇指、小指，由内向外移动(图4-183)。

图4-181 鸟飞(1)

图4-182 鸟飞(2)
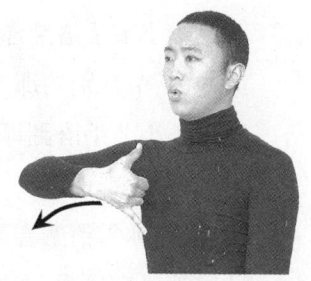
图4-183 去

无影踪(没有)：一手拇指、食指、中指指尖向上，互捻一下(图4-184)，然后手伸开(图4-185)。

图 4-184 没有(1)

图 4-185 没有(2)

第 4 节:我(的)青春(小)鸟(一样)不回来。

我:一手食指指自己(图 4-186)。

青春:一手掌心在颏下抚摸两下(图 4-187)。

图 4-186 我

图 4-187 青春

图 4-188 回来

鸟:同图 4-181、图 4-182 手语翻译。

不(没有):同图 4-184、图 4-185 手语翻译。

回来:一手伸拇指、小指,由外向内移动(图 4-188)。

第 5 节:我(的)青春(小)鸟(一样)不回来。

同第 4 小节手语翻译。

第 6—7 节:(别的那呀呀呦,别的那呀呀呦),我(的)青春(小)鸟(一样)不回来。

同第 4 小节手语翻译。

第二段

第 1 节:冰雪消融春风(就会)吹(过来)。

冰雪消融春风吹(春风吹):(1) 左手握拳,手背向上,右手伸食指在左拳食指骨节处点一下,表示春季(图 4-189);(2) 一手直立,五指略屈,左右来回扇动几下(图 4-190)。

图 4-189 春风吹(1)

图 4-190 春风吹(2)

第 2 节:风雨过后阳光(依旧)放光彩。

风雨过后阳光放光彩(阳光放光彩):(1) 双手拇指、食指搭成大圆形,从身体右侧向头顶做弧形移动,如太阳升起(图 4-191);(2) 双手五指相捏,指尖相对(图 4-192),然后分别向两侧上方移动,并张开五指,表示有光亮(图 4-193)。

图 4-191 阳光放光彩(1)

图 4-192 阳光放光彩(2)

图 4-193 阳光放光彩(3)

第 3—7 节:美丽(小)鸟飞去无影踪,我(的)青春(小)鸟(一样)不回来,我(的)青春(小)鸟(一样)不回来,(别的那呀呀呦,别的那呀呀呦),我(的)青春(小)鸟(一样)不回来。

同第一段第 3—7 节手语翻译。

第三段

第 1 节:下山(的)太阳(清晨一早)爬上来。

下山太阳:同图 4-167 手语翻译。

爬上来:同图 4-170 手语翻译。

第 2 节:山河春回大地花盛开。

山河春回大地(中国):一手伸食指,自咽喉部向下顺肩胸部至右腰部划下,以民族服装旗袍的前襟线表示中国(图 4-194)。

花盛开:双手五指撮合,指尖向上(图 4-195),然后边向上移动边放开五指(图 4-196)。

图 4-194 中国

图 4-195 花盛开(1)

图 4-196 花盛开(2)

第 3 节：美丽(小)鸟飞去(又)飞来。

美丽：同图 4-179、图 4-180 手语翻译。

鸟飞去：同图 4-181、图 4-182、图 4-183 手语翻译。

飞来：同图 4-188 手语翻译。

第 4 节：愿我(的)青春永远(留下来)。

愿(祝愿)：(1) 双手抱拳，前后略动几下(图 4-197)；(2) 一手拇指、食指略屈，两指张开抵于下颏，头略点动一下，面露微笑(图 4-198)。

图 4-197 祝愿(1)

图 4-198 祝愿(2)

青春：同图 4-187 手语翻译。

永远：(1) 一手打手指字母"Y"的指式(图 4-199)；(2) 一手拇指按于食指根部，食指指尖向前并移动，表示远(图 4-200)。

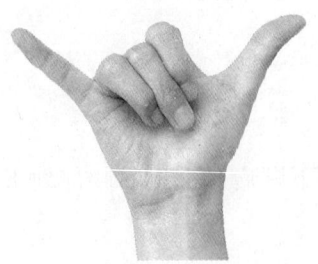
图 4-199 永远(1)

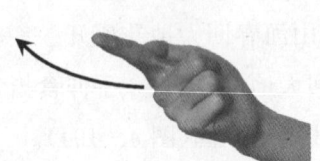
图 4-200 永远(2)

第5—6节:我(的)青春(小)鸟(一样)不回来,(别的那呀呀呦,别的那呀呀呦)。
同第一段第5—6节手语翻译。
第7节:愿我(的)青春永远(留下来)。
同第三段第4节手语翻译。

第五章　傣族民间手语舞蹈

傣族民间手语舞蹈是指手语和傣族民间舞蹈通过相互间的接触、交流进而相互吸收、渗透、融为一体的艺术形式。傣族被誉为"孔雀之乡",是一个能歌善舞的民族,主要聚集在我国云南省西双版纳傣族自治州、德宏傣族景颇族自治州等地。在傣族众多的艺术形式中,影响最大、最具特色的是傣族舞蹈,包括孔雀舞、嘎光舞、鱼舞、象脚鼓舞等,它们蕴藏着极高的文化魅力和浓郁的民族文化色彩,极尽东方韵致。[1][2] 本章主要探究手语在傣族民间舞蹈中的艺术转化。

傣族民间手语舞蹈多伴有"孔雀造型"、"三道弯"、"一边顺"等风格特征,这是傣族自然生态环境和人文生态环境因素共同作用的结果。傣族人民大都居住在四季如春的亚热带地区,他们普遍崇信小乘佛教,把孔雀视为吉祥的圣鸟,充分展示了傣族人民对美的追求和幸福生活的向往。舞姿"三道弯"体态源于孔雀的头部、颈部、身体及尾屏呈S造型,看起来类似女性曲线身材,给人极大的审美享受。傣族人民习惯手、脚、身体都顺着一个方向劳动,如挑水、挑谷、扬场等,"一边顺"舞姿在此基础上形成。

第一节　基本动作[3][4]

傣族民间舞蹈的基本体态、基本手形、手位、脚位、基本动律、常用手腕、手臂动作、基本步法等成为傣族民间手语舞蹈创作的基本动作素材。基本体态包括自然体态和三道弯体态;基本手形包括掌形、孔雀嘴、爪形和屈掌,基本手位包括一位手、二位手、三位手、四位手、五位手等,基本脚位包括正步、小八字步、丁字步、之字步等;基本动律包括起伏动律和横摆动律;常用手腕动作包括领腕、压腕、侧领腕,手臂动作包括准备手、屈掌推腕手、屈掌翻腕手、体前翻盖手、七位翻盖手、顶撑手等;基本步法包括平步、点吸步、点跳步、垫步、跺前屈腿小跳等。

一、基本体态

(一)自然体态

做法:体对1点,站小八字步,气息下沉,下颏略收,眼看正中位(图5-1)。

---

[1] 罗雄岩.中国民族民间舞蹈文化教程[M].上海:上海音乐出版社,2001:171—182.
[2] 张大鸣.论傣族生态文化对傣族舞蹈的影响[J].北京:艺术评论,2009.(7):97—89.
[3] 贾安林,钟宁.中国民族民间舞初级教程[M].上海:上海音乐出版社,2004:225—255.
[4] 王海英,肖灵.舞蹈训练与创编[M].北京:高等教育出版社,2002:93—97.

(二) 三道弯体态

1. 纵向三道弯

做法：体对 1 点，屈膝、半蹲，上身向左旁倒，眼看右斜上位（图 5-2）。

2. 横向三道弯

做法：体对 7 点，收腹，臀部后翘，压腰，上身前俯，眼看正中位（图 5-3）。

图 5-1

图 5-2

图 5-3

二、基本手形、手位、脚位

(一) 手形

1. 掌形

做法：四指并拢自然平伸，指根下压，虎口打开，拇指内扣 45 度（图 5-4）。

2. 孔雀嘴

做法：在掌形的基础上，食指尖与拇指相捏，似孔雀嘴形，中指、无名指、小指呈扇形打开（图 5-5）。

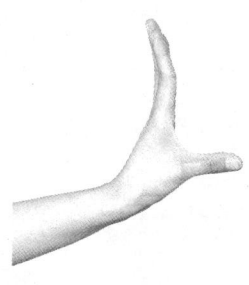
图 5-4

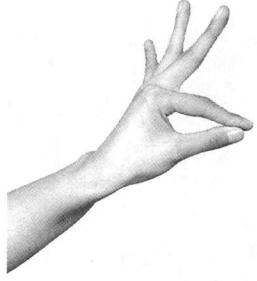
图 5-5

3. 爪形

做法：在掌形的基础上，食指第二关节自然弯曲，中指、无名指、小指呈扇形打开（图 5-6）。

4. 屈掌

做法：拇指打开，其余四指并拢，指根内扣，呈半握拳状（图 5-7）。

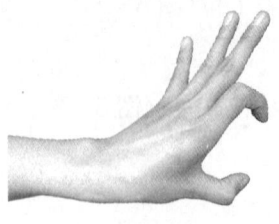
图 5-6

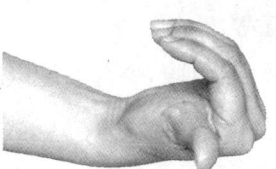
图 5-7

（二）手位

1. 一位手

做法：双手自然下垂，可于胯前、前斜下方、侧斜下方、斜后方做领腕、压腕等动作（图 5-8）。

2. 二位手

做法：双手于胸前做领腕、压腕等动作（图 5-9）。

3. 三位手

做法：双手于头部正上方、斜上方做领腕、压腕等动作（图 5-10）。

图 5-8

图 5-9

图 5-10

4. 四位手

做法：左二位手，右三位手（图 5-11）。

5. 五位手

做法：左三位手，右旁开手（图 5-12）。

6. 六位手

做法：左二位手，右旁开手（图 5-13）。

图 5-11

图 5-12

图 5-13

7. 七位手

做法：双臂于体侧做领腕、压腕等动作（图 5-14）。

8. 一七位手

做法：左一位手，右七位手（图 5-15）。

9. 一三位手

做法：左一位手，右三位手（图 5-16）。

图 5-14

图 5-15

图 5-16

（三）脚位

1. 正步

做法：双脚自然并拢，脚尖向前，重心在脚心处（图 5-17）。

2. 小八字步

做法：在正步基础上，脚尖自然打开（图 5-18）。

3. 丁字步（以左为例）

做法：在小八字步基础上，左脚于右脚弓前、约半脚距离（图 5-19）。

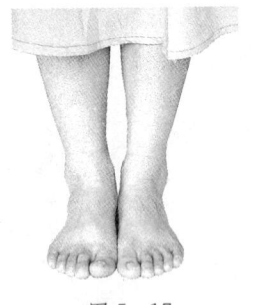
图 5-17

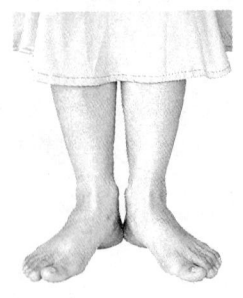
图 5-18

图 5-19

4. 点丁字步(以左为例)

做法:在左丁字步基础上,左脚掌或脚跟点地(图 5-20)。

5. 之字步(以左为例)

做法:小八字步基础上,左脚落于右脚正前方约一脚距离(图 5-21)。

6. 踏步(以右为例)

做法:在小八字步基础上,右脚掌向左斜后方点地(图 5-22)。

图 5-20

图 5-21

图 5-22

三、基本动律

(一) 起伏动律

节拍:2/4　八拍完成

准备:右点丁字步,纵向三道弯体态,双手掌形于胯前一位手、压腕。

1—4:舞姿保持,由气息带动身体上提。

5—8:舞姿保持,由气息带动身体下沉。

(二) 横摆动律

做法:在起伏动律基础上,经胯部带动下弧线横摆,身体随之自然摆动。

四、常用手腕、手臂动作

(一) 手腕

1. 领腕

做法:腕部上提(图 5-23)。

2. 压腕

做法：四指并拢自然平伸，指根下压。

3. 侧领腕

做法：腕部侧提（图5－24）。

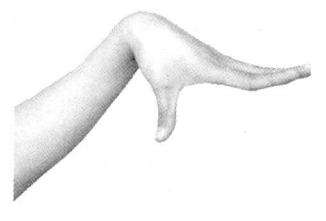
图5－23

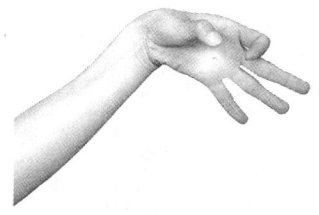
图5－24

（二）手臂

1. 准备手

做法：双臂收肘，双手屈掌至腰旁（图5－25）。

2. 屈掌推、翻腕手（以左一右七位手为例）

节拍：2/4　四拍完成

准备：双腿跪地，双手掌形于一位手、压腕。

1—2：双手经屈掌推至左一右七位手、领腕（图5－26）。

3—4：双手翻腕推至左一右七位手、压腕（图5－27）。

图5－25

图5－26

图5－27

3. 体前翻盖手

节拍：2/4　八拍完成

准备：右一左三位手。

1—4：右手经领腕至体前翻托掌外绕一圈，同时左手盖至体前压腕（图5-28）。

5—8：做第1—4拍反面动作。

4. 七位翻盖手

节拍：2/4　四拍完成

准备：纵向三道弯体态，双手掌形至七位手，右手掌心向下，左手掌心向上。

1—2：右手至七位手翻托掌外绕一圈，同时左手压腕、盖手（图5-29）。

3—4：做第1—2拍反面动作。

图5-28

图5-29

5. 顶掸手

准备：自然体态。

做法：双手掌形，经体前屈臂至三位手掸出，掌心向上（图5-30）。

6. 望月手

做法：双手掌形，虎口相对，经体前推至三位手（图5-31）。

图5-30

图5-31

五、基本步法

（一）平步（以右为例）

节拍：2/4拍 一拍完成

准备：自然体态。

Da—：右勾脚快速后踢。

1—：右脚落地，双膝略屈，配合摆胯。

（二）点吸步（以右为例）

节拍：2/4 一拍完成

准备：纵向三道弯体态，右点丁字步，左一右七位手。

Da—：右勾脚抬起。

1—：右脚掌轻点地。

（三）点跳步（以右为例）

做法：在右点吸步基础上，Da拍时左主力腿轻跳一次。

（四）垫步（以右为例）

节拍：2/4 两拍完成

准备：自然体态。

1—：右脚前迈一步，屈膝，左脚快速跟至右脚旁，略抬。

Da—：左脚掌踮地，双膝伸直，右脚略离地。

2—：右脚前迈一步，屈膝，左脚略抬。

（五）碎垫步（以右为例）

做法：右脚连续快速做垫步动作。

（六）跺前屈腿小跳（以右为例）

节拍：2/4 两拍完成

准备：纵向三道弯体态，右点丁字步。

1—：右跺脚一次。

2—：左腿原地屈腿蹲跳，同时右勾脚抬起前屈腿45度（图5-32）。

（七）跺后屈腿小跳（以右为例）

节拍：2/4 两拍完成

准备：纵向三道弯体态，右点丁字步。

1—：右跺脚一次。

2—：左腿原地屈腿蹲跳，同时右勾脚抬起后屈腿（图5-33）。

图 5-32　　　　　　　　　图 5-33

第二节　女子实例《有一个美丽的地方》

女子实例《有一个美丽的地方》舞蹈音乐清新淡雅、优美动听,由杨非作词作曲,歌曲通过对傣族自然景象和孔雀情态特征的描写,借物比性,托物寄情,寓情于景,情景交融,表现出傣族人民幸福的生活场景。该实例根据歌词意境需要,通过婀娜多姿的 S 造型,上下起伏和左右横摆的动律特征以及孔雀形态的呈现,表达了傣族人民与大自然、与孔雀结下的深厚感情和柔情似水的民族心态。

该实例上肢舞蹈动态创作融会了孔雀嘴、爪形、一七位手、一三位手、领腕、侧领腕、屈掌推翻腕手、体前翻盖手、顶掸手、望月手等基本手形、手位、常用手腕、手臂动作,将手舞语汇建立在对自然、生活、精神、艺术观念的把握上,强调手舞样式的美学价值,进而多视角地对傣族手语舞蹈的审美意境展开研究。譬如:在第一段第 18—22 节"(一只)孔雀飞(到了龙)树上"中,"图 5-69 孔雀(1)"、"图 5-70 孔雀(2)"、"图 5-71 孔雀(3)"、"图 5-72 飞"、"图 5-73 树上"的手语释义艺术转化为"右手孔雀嘴经脸前做'图 5-74 孔雀(1)'至双手二位掌形交叉手做'图 5-75 孔雀(2)'至双手扩指手臂分开做'图 5-76 孔雀(3)'至双手孔雀嘴至三位手做'图 5-77 孔雀(4)',双手孔雀嘴至三位手领腕做'图 5-78 飞'至双手爪形相对经二位手至三位手做'图 5-79 树上'"的上肢舞蹈动态,用"孔雀嘴"和"爪形"动作模仿孔雀优美的姿态,通过柔美的"二位手"、"三位手"、"三道弯"动作,再现孔雀高雅窈窕的身姿,并将共产党比拟为勇敢、吉祥的孔雀,使得傣族人民赞美共产党的情绪得以更快地推进,由此展示出傣族人民与孔雀共享大自然、一同生活的意境。

再如:在第 14—18 节"(弯弯的)江水(呀)碧波荡漾"中,"图 5-64 江水(1)"、"图 5-65 江水(2)"、"图 5-66 碧波荡漾"的手语释义艺术转化为"横向三道弯、双手掌形经二位手柔腕延伸做'图 5-67 江水'至横向三道弯、一位手、前波浪腰两次做'图 5-68 碧波荡漾'"

的上肢舞蹈动态,在"二位手"、"一位手"、"横向三道弯"的舞蹈动态份额比重中作了一个较为合理的分配,表达出傣族人民对"水"的热爱之情。他们把水看作是养育自己的母亲,同时也认为圣洁的水可以祛除邪恶,给傣族人民带来好运,此处将柔情似水、外柔内刚的傣族手语舞蹈韵律充分展示出来。

　　膝部舞蹈动态创作是在起伏动律和横摆动律之间变化的基础上,通过膝部的屈伸带动身体的上下起伏或胯部的左右摆动,形成傣族民间手语舞蹈特有的S造型,展现出傣族人民赋予孔雀舞的灵性和生命活力。譬如:在第一段第1—10节"有(一个)美丽(的)地方(啰),傣族人民(在)这里生长(啰)"中,"图5－39有"、"图5－40美丽(1)"、"图5－41美丽(2)"、"图5－42地方(1)"、"图5－43地方(2)"、"图5－51傣族(1)"、"图5－52傣族(2)"、"图5－53傣族(3)"、"图5－54人民"、"图5－55这里"膝部舞蹈动态均采用起伏动律,配合轻盈平稳、幅度较小的上身舞姿,将傣族人民安定祥和的生活状态体现出来,使舞蹈拥有一种自然原生态的意境之美;随后,"图5－56生活(1)"采用了横摆动律,轻快敏捷的胯部横向摆动增加了对恬静美好生活的向往,"图5－57生活(2)"由前图舞姿的横摆动律变化为起伏动律,成为作品在膝部舞蹈动态创作上的一个刻意追求,其目的是通过膝部舞蹈动态的变化来造成"右上穿手"向空中延伸的手舞形态变化,而通过手舞形态的变化来表现傣族人民勇敢面对生活的个性特征。再如:在第一段第23—31节"恩人(呦就)是(那个)共产党,傣族(地方)有(了)您(啊)"中,"图5－84恩人(1)"、"图5－85恩人(2)"、"图5－86恩人(3)"、"图5－87是(1)"、"图5－88是(2)"、"图5－89共产党"、"图5－91傣族(1)"、"图5－92傣族(2)"、"图5－93傣族(3)"膝部舞蹈动态均采用横摆动律,用横摆动律配合"一边顺"手舞动态的变化,将女性妩媚的动态画面进行了完美的诠释;同时,"图5－84恩人(1)"和"图5－85恩人(2)"采用动态的三道弯造型,与"图5－86恩人(3)"相对静止的三道弯造型形成了一个动静交替的美,在一动一静之间给人以视觉上的审美享受,这种享受源于自然、始于生活,汲取万物之灵,具有很强的艺术感染力。

　　脚部舞蹈动态创作主要以丁字步、点丁字步、之字步、平步、点跳步、碎垫步、踩前屈腿小跳、踩后屈腿小跳等步法之间的变化为切入点,在三道弯、一边顺舞姿造型的交织下,最大限度呈现出傣族手语舞蹈S造型的柔美动态。譬如:在上述的第一段第23—31节中,脚部舞蹈动态多为"平步",在横摆动律带动下身体呈"一边顺"、"三道弯"舞姿,强调平步后踢时快而有力,落地轻而平稳,以一种源源不断、由内而发的力量将裙子轻轻撩起,像美丽的孔雀在河边踱步,更像平静的河水掀起涟漪,将傣族人民含蓄稳健、柔中带刚的民族气质诠释得唯美至极。再如:在第二段第11—14节"姑娘(们)穿着花衣裙(就)"中,舞蹈动态为"左脚跟点之字步,左手至胯旁一位手压腕,右手摸耳垂做'图5－130姑娘'至右脚掌点丁字步,右上穿手至三位手,左下穿手至一位手领腕做'图5－131穿着'",脚部舞蹈动态在"左脚跟点之字步"和"右脚掌点丁字步"之间灵活转换，顺理成章地将孔雀水边照影、抖动手臂、梳理羽毛的意象置于清澈的河边、雅致的竹楼中，就连傣族姑娘们喜欢穿五彩斑斓花裙子的心境，也通过"图5-132 漂亮裙子(1)"、"图5-133 漂亮裙子(2)"、"图5-134 漂亮裙子(3)"快速而轻巧的"碎垫步"和"点跳步"脚部舞蹈动态凸显出来，塑造了一个灵性、纯朴的傣家姑娘形象。

有一个美丽的地方

杨 非 词曲

1=♭B 3/4

1.有一个美丽的地方啰，傣族人民在这里生长啰。密密的寨子紧紧相连，那弯弯的江水呀碧波荡漾。一只孔雀飞到了龙树上，恩人呦就是那个共产党。傣族地方有了您，啊

2.荒田长满了绿苗啰，草地换上了新啰。姑娘们穿着花衣裙，就好像那蝴蝶呀展开翅膀。

傣族人民永远跟着您，啊

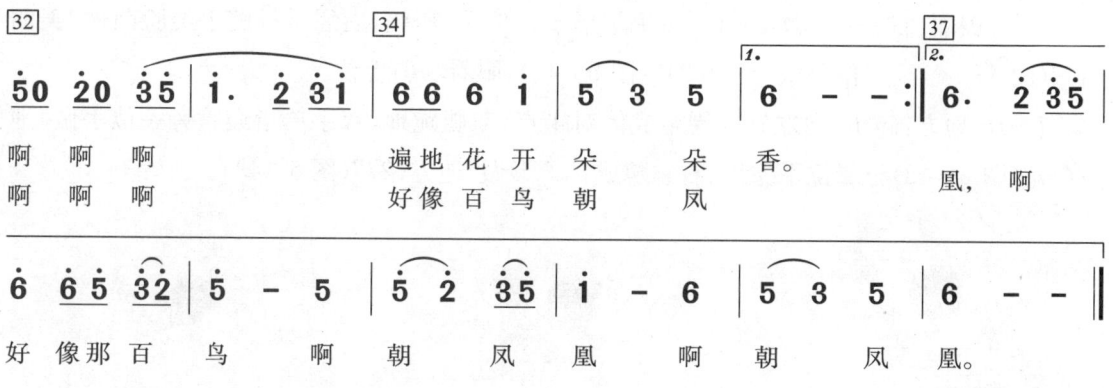

第一段

第 1—5 节：有（一个）美丽（的）地方（啰）。

有：一手伸拇指、食指，掌心向上，然后食指弯动两下（图 5-34）。

美丽：一手伸拇指、食指、中指，食指、中指并拢指尖于鼻部（图 5-35），然后边向外移动边收拢食指、中指，只伸出拇指（图 5-36），表示美丽、好看、漂亮的意思。

图 5-34 有

图 5-35 美丽（1）

图 5-36 美丽（2）

地方：(1) 一手伸食指向下指一下（图 5-37）；(2) 双手拇指、食指搭成"口"形（图 5-38）。

图 5-37 地方（1）

图 5-38 地方（2）

1—3 有：体对 5 点，左平步一次，前行，左一右三位屈掌推腕手做"有"（图 5-39），眼看左斜上位。

4—6 美丽：右平步一次，前行，左手掌形于一位手、压腕，右屈掌推腕手经脸前做"美丽(1)"（图5-40）至三位手做"美丽(2)"（图5-41），眼看右斜上位。

7—15 地方：碎步，向左转一周半成体对1点，双腿跪地，双手单指经胯旁一位手做"地方(1)"（图5-42）至二位手左压、右领腕成"□"形做"地方(2)"（图5-43）。

图5-39 有　　　　　图5-40 美丽(1)　　　　　图5-41 美丽(2)

图5-42 地方(1)　　　　　图5-43 地方(2)

第6—10节：傣族人民(在)这里生长(啰)。

傣族：(1) 一手打手指字母"D"的指式（图5-44）；(2) 一手五指分开，指尖向上（图5-45），然后撮合，表示一个组合的单位（图5-46）。

图5-44 傣族(1)　　　　　图5-45 傣族(2)　　　　　图5-46 傣族(3)

人民:双手食指搭成"人"字形并顺时针转一圈,表示人多的意思(图5-47)。

这里:一手伸食指,指尖向下指点两下(图5-48)。

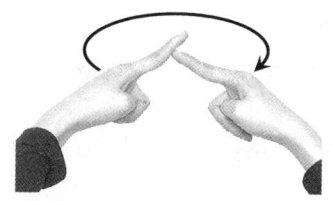
图5-47 人民

图5-48 这里

生长(生活):(1)一手打手指字母"SH"指式(图5-49);(2)一手食指直立,边转动手腕边向上移动(图5-50)。

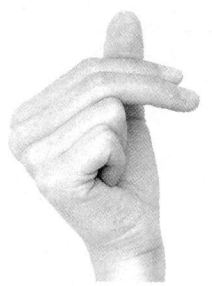
图5-49 生活(1)

图5-50 生活(2)

1—3 傣族人民:体对1点,双腿跪地,经右手空心拳做"傣族(1)"(图5-51)至二位掌形手掌心向上扩指做"傣族(2)"(图5-52),至五指撮合做"傣族(3)"(图5-53),同时左三位手掌形、领腕,于双手单指压腕成"人"字形二位手经2点至8点方向做"人民"(图5-54),眼经右斜中位至左斜中位。

图5-51 傣族(1)

图5-52 傣族(2)

图5-53 傣族(3)

图 5-54 人民　　　　　　　图 5-55 这里

4—6 这里：向左转身，体对 7 点，右手单指经七位翻盖手做"这里"（图 5-55）。

7—15 生长（生活）：起身，体对 8 点，踮脚，向右转两周，右手经二位手侧领腕打手指字母"SH"指式做"生活（1）"（图 5-56）至右上穿手做"生活（2）"（图 5-57），左手经二位手领腕至一位手压腕，眼经右斜中位至正上位。

图 5-56　生活（1）　　　　图 5-57　生活（2）

第 11—14 节：密密（的）寨子（紧紧）相连。

密密（许多）：一手侧立，五指分开，向外略抖动几下（图 5-58）。

寨子（房子）：双手搭成"∧"形（图 5-59）。

相连：两手拇指、食指互相套环（图 5-60）。

图 5-58　许多

图 5-59 房子

图 5-60 相连

1—3 密密(许多):体对 1 点,右平步一次,前行,四位掌形手扩指抖动做"许多"(图 5-61),眼看正中位。

4—6 寨子(房子):体对 1 点,左平步一次,前行,双手掌形于"∧"形至二位手做"房子"(图 5-62),眼看正中位。

7—12 相连:第 7—9 拍,体对 8 点,右平步一次,前行,三位手拇指、食指相套做"相连"(图 5-63),眼看正上位;第 10—12 拍,上肢舞姿保持,左起平步三次,向左转一周。

图 5-61 许多

图 5-62 房子

图 5-63 相连

第 14—18 节:(那弯弯的)江水(呀)碧波荡漾。

江水:(1) 双手侧立,掌心相对,相距约 30 厘米,向前做曲线型移动(图 5-64);(2) 一手横伸,掌心向下,向一侧做波纹状移动(图 5-65)。

碧波荡漾:双手平伸于胸前,五指略张,掌心向下,并分别向两侧移动同时五指点动(图 5-66)。

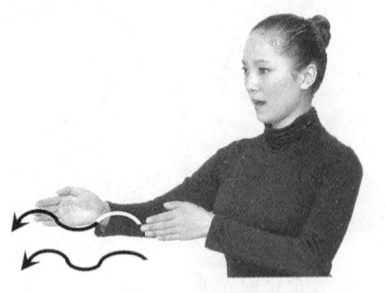  

图 5-64 江水(1)　　　图 5-65 江水(2)　　　图 5-66 碧波荡漾

1—6 江水:第 1—3 拍,体对 2 点,右脚跟点之字步,横向三道弯,双手掌形经二位手右起交替领压腕延伸做"江水"(图 5-67);第 4—6 拍,舞姿保持,向右转一周。

7—11 碧波荡漾:体对 3 点,右脚跟起点之字步两次,横向三道弯,一位手压腕、前波浪腰两次做"碧波荡漾"(图 5-68)。

图 5-67 江水　　　图 5-68 碧波荡漾

第 18—22 节:(一只)孔雀飞(到了龙)树上。

孔雀:(1) 一手伸拇指、食指,指尖相捏,手背贴于嘴部(图 5-69);(2) 双手交叉互叠,掌心向外、指尖向上(图 5-70),手指由并拢至张开,并向两边做扇形打开,仿孔雀开屏状(图 5-71)。

图 5-69 孔雀(1)　　　图 5-70 孔雀(2)　　　图 5-71 孔雀(3)

飞：双臂侧斜，向上抬起，掌心向下，扇动两下（图5-72）。
树上：双手拇指、食指相搭成大圆形，向上移动（图5-73）。

图5-72　飞

图5-73　树上

1—4 孔雀：第1—2拍，体对2点，左脚前迈一步成左之字步，右手孔雀嘴经脸前做"孔雀(1)"（图5-74）至双手二位掌形交叉手做"孔雀(2)"（图5-75）至双手扩指手臂分开做"孔雀(3)"（图5-76），Da拍向右转身一周；第3—4拍，体对1点，右腋腿小跳一次，双手孔雀嘴至三位手做"孔雀(4)"（图5-77）。

5—7 飞：向右转身，体对2点，左踝后屈腿小跳一次，双手孔雀嘴至三位手领腕做"飞"（图5-78），眼看正上位。

8—13 树上：向右转身，体对5点，右脚前迈一步成右之字步，双手爪形相对经二位手侧领腕至三位手做"树上"（图5-79），眼看右斜上位。

图5-74　孔雀(1)

图5-75　孔雀(2)

图5-76　孔雀(3)

图5-77 孔雀(4)　　　　图5-78 飞　　　　图5-79 树上

第23—26节：恩人(呦就)是(那个)共产党。

恩人：(1) 左手伸拇指、小指在前，右手拇指、食指成半圆形于胸部，虎口向外，然后移向左手(图5-80)；(2) 双手食指搭成"人"字形(图5-81)。

图5-80 恩人(1)　　　　图5-81 恩人(2)

是：一手食指、中指相叠，由上而下挥动一下(图5-82)。

共产党：双手食指、中指搭成"共"字形，右手指向下碰三下左手指(图5-83)。

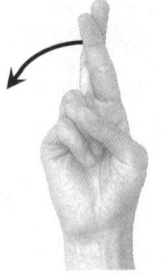 

图5-82 是　　　　图5-83 共产党

1—3恩人：向左转身，体对2点，左起平步两次成左后点步，二位手左手伸拇指、小指、右手拇指、食指成半圆形侧领腕做"恩人(1)"(图5-84)、食指搭成"人"字形做压腕"恩人

(2)"(图 5-85)、"恩人(3)"(图 5-86),眼看正中位。

图 5-84 恩人(1)

图 5-85 恩人(2)

图 5-86 恩人(3)

  4—6 是:体对 2 点,左起平步两次成左后点步,双手经前后摆手食指、中指相叠做"是(1)"(图 5-87)至二位手压腕做"是(2)"(图 5-88),眼看正中位。

  7—12 共产党:体对 2 点,第 7—9 拍,左平步一次,前行,二位手领腕成"共"字形做"共产党"(图 5-89);第 10—12 拍,上肢舞姿保持,右起平步三次,前行,眼看正中位。

图 5-87 是(1)

图 5-88 是(2)

图 5-89 共产党

  第 27—31 节:傣族(地方)有(了)您(啊)。

  傣族:同图 5-44、图 5-45、图 5-46 手语翻译。

  有:同图 5-34 手语翻译。

  您:一手食指指向对方(图 5-90)。

  1—6 傣族:向右转身,左起平步两次,右空心拳经二位手侧领腕做"傣族(1)"(图 5-91),至掌形手掌心向上扩指做"傣族

图 5-90 您

（2）"（图5-92），至五指撮合做"傣族（3）"（图5-93）。

图 5-91　傣族（1）　　　　图 5-92　傣族（2）　　　　图 5-93　傣族（3）

7—9 有：体对 5 点，左脚掌点丁字步，右一左七位屈掌推腕手做"有"（图 5-94），眼看右斜上位。

10—15 您：第 10—12 拍，向右转身，体对 8 点，右平步一次，前行，双手顶撑手一次做"您"（图 5-95）；第 13—15 拍，左起平步三次，前行，双手顶撑手一次做"您"。

图 5-94　有　　　　图 5-95　您　　　　图 5-96　啊

第 32—33 节：（啊）。

1—6：右起碎垫步两次，右起体前翻盖手两次做"啊"（图 5-96）。

第 34—36 节：遍地花开（朵朵）香。

遍地：双手伸出向前，慢慢展开（图 5-97）。

花开：一手五指撮合，指尖向上（图 5-98），然后放开五指（图 5-99）。

图 5-97 遍地

图 5-98 花开(1)

图 5-99 花开(2)

香：一手拇指、食指在鼻孔前捻动（图 5-100），然后伸出拇指（图 5-101）。

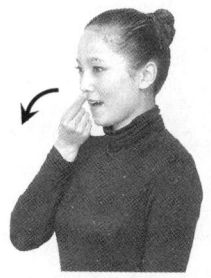
图 5-100 香(1)

图 5-101 香(2)

1—9 遍地花开香：向右碎步由慢渐快转，双手掌形掌心向上七位手做"遍地"（图 5-102），经七位手五指撮合做"花开香(1)"（图 5-103）至五位手扩指做"花开香(2)"（图 5-104）至六位手右手拇指、食指鼻孔前捻动做"花开香(3)"（图 5-105）至五位手屈掌做"花开香(4)"（图 5-106）。

图 5-102 遍地

图 5-103 花开香(1)

图 5-104 花开香(2)

图 5-105　花开香(3)　　　　　图 5-106　花开香(4)

第二段

第1—5节：荒田长满(了)绿苗(啰)。

荒田：(1)双手小指指尖向上，上下交替略动几下(图5-107)；(2)双手食指、中指、无名指搭成"田"字形(图5-108)。

长满绿苗(长苗)：左手横伸，五指分开，掌心向下；右手直立，掌心向左，五指分开从左手食指、中指、无名指、小指指缝中钻出少许(图5-109)。

图 5-107　荒田(1)　　　图 5-108　荒田(2)　　　图 5-109　长苗

1—3 荒田：体对1点，双腿跪地，起伏动律一次，二位手压腕小指向上，上下交替做"荒田(1)"(图5-110)至左侧领腕、右压腕做"荒田(2)"(图5-111)，眼看正中位。

4—15 长满绿苗(长苗)：第4—9拍，体对2点，右腿立跪，望月手做"长苗"(图5-112)，眼看右斜上位；第10—15拍，向3点跪转身成体对5点，同第4—9拍手语舞蹈动作。

图 5-110 荒田(1)

图 5-111 荒田(2)

图 5-112 长苗

第 6—10 节：草地换（上了）新（啰）。

草地：(1) 双手食指直立，手背向内，上下交替动几下，表示丛生的野草（图 5-113）；(2) 一手食指指尖向下指一下（图 5-114）。

图 5-113 草地(1)

图 5-114 草地(2)

换：双手食指直立（图 5-115），然后左右交叉互换位置（图 5-116）。

图 5-115 换(1)

图 5-116 换(2)

新（新衣服）：(1) 左手横伸，掌心向下；右手伸出拇指，从左手手背上向外划动（图 5-117）；(2) 双手五指相捏，模仿穿衣动作（图 5-118）。

251

图 5-117　新衣服(1)　　　　　　图 5-118　新衣服(2)

1—3 草地：向 7 点跪转身成体对 1 点，双腿跪地，双手单指经二位手压腕做"草地(1)"（图 5-119）至体对 3 点、七位翻盖手做"草地(2)"（图 5-120）。

图 5-119　草地(1)　　　　　　图 5-120　草地(2)

4—6 换：体对 2 点，双手单指经七位手压腕做"换(1)"（图 5-121）至二位交叉手做"换(2)"（图 5-122），眼经右斜上位至左斜上位。

图 5-121　换(1)　　　　　　图 5-122　换(2)

7—15 新(新衣服)：跪地起身，向左踮脚转，经二位手右屈掌推腕手做"新衣服(1)"（图 5-123）至下穿手于一位手领腕做"新衣服(2)"（图 5-124）。

图 5-123 新衣服(1)

图 5-124 新衣服(2)

第 11—14 节：姑娘(们)穿着花衣裙。

姑娘：右手拇指、食指捏一下耳垂(图 5-125)。

穿着：双手五指相捏，模仿穿衣动作(图 5-126)。

图 5-125 姑娘

图 5-126 穿着

花衣裙(漂亮裙子)：(1) 一手伸拇指、食指、中指，食指、中指并拢指尖于鼻部(图 5-127)，然后边向外移动边收拢食指、中指，只伸出拇指(图 5-128)，表示美丽、好看、漂亮的意思；(2) 双手指尖向下张开，在小腹位置从中间一顿一顿地向两边移动，如裙子形状(图 5-129)。

图 5-127 漂亮裙子(1)

图 5-128 漂亮裙子(2)

图 5-129 漂亮裙子(3)

1—3 姑娘：体对 2 点，左脚跟点之字步，左手至胯旁一位手压腕，右手摸耳垂做"姑娘"（图 5-130）。

4—6 穿着：右脚掌点丁字步，右上穿手至三位手，左下穿手至一位手领腕做"穿着"（图 5-131），眼看左斜下位。

图 5-130　姑娘

图 5-131　穿着

7—12 花衣裙（漂亮裙子）：第 7—9 拍，体对 1 点，右脚碎垫步，前行，右翻盖手一次做"漂亮裙子（1）"（图 5-132）成屈掌做"漂亮裙子（2）"（图 5-133）；第 10—12 拍，右点跳步三次，双提裙手做"漂亮裙子（3）"（图 5-134），眼看正中位。

图 5-132　漂亮裙子（1）

图 5-133　漂亮裙子（2）

图 5-134　漂亮裙子（3）

第 14—18 节：（就）好像（那）蝴蝶（呀）展开翅膀。

好像：（1）一手伸出拇指（图 5-135）；（2）一手食指、中指直立，掌心向外，向脸颊部碰一下（图 5-136）。

图 5-135 好像(1)

图 5-136 好像(2)

蝴蝶：双手拇指交叉相搭，其他手指扇动，如双翅飞行状（图 5-137）。
展开翅膀（飞）：双臂侧斜，向上抬起，掌心向下，扇动两下（图 5-138）。

图 5-137 蝴蝶

图 5-138 飞

1—6 好像蝴蝶：第 1—2 拍，体对 2 点，左脚跟点之字步，双手屈掌推腕手经七位手做"好像(1)"（图 5-139）至右翻腕手于脸颊处做"好像(2)"（图 5-140）；第 3—5 拍，踮脚，向右转一周，双手掌形三位手做"蝴蝶(1)"（图 5-141）；第 6 拍，体对 1 点，左点跳步一次，双手掌形二位交叉手做"蝴蝶(2)"（图 5-142），眼看正中位。

图 5-139 好像(1)

图 5-140 好像(2)

图 5-141　蝴蝶(1)　　　　　图 5-142　蝴蝶(2)

7—12 展开翅膀(飞)：第 7—8 拍，向左转身，体对 5 点，右踩后屈腿小跳一次，双手掌形手经七位手压腕至三位手领腕做"飞(1)"(图 5-143)；第 9—12 拍，继续向左转身，体对 1 点，右起踩前屈腿小跳两次，双手掌形手经七位手压腕至三位手领腕做"飞(2)"(图 5-144)。

图 5-143　飞(1)　　　　　图 5-144　飞(2)

第 18—26 节：(一只)孔雀飞到(了)龙树上，恩人(呦就)是(那个)共产党。

1—25：同第一段第 18—26 节手语舞蹈动作。

第 27—31 节：傣族人民永远跟着您(啊)。

傣族：同图 5-44、图 5-45、图 5-46 手语翻译。

人民：同图 5-47 手语翻译。

永远：(1) 一手打手指字母"Y"的指式(图 5-145)；(2) 一手拇指按于食指根部，食指指尖向前并移动，表示远(图 5-146)。

跟着：双手伸拇指、小指，一前一后，同时向前移动（图5-147）。
您：同图5-90手语翻译。

图5-145 永远（1）

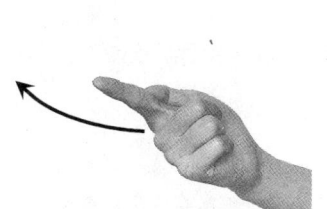
图5-146 永远（2）

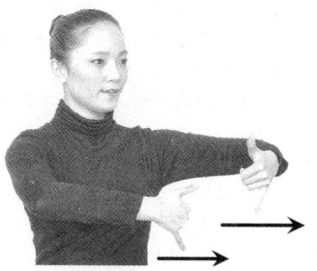
图5-147 跟着

1—3 傣族人民：体对8点，左起平步两次成左后点步，经右二位手空心拳做"傣族（1）"（图5-148）至掌形手扩指"傣族（2）"（图5-149）至五指撮合"傣族（3）"（图5-150），双手压腕单指成"人"字形于二位手做"人民"（图5-151），眼看正中位。

图5-148 傣族（1）

图5-149 傣族（2）

图5-150 傣族（3）

图5-151 人民

4—6 永远:体对8点,右起平步,快速前行,右手压腕经二位手延伸打字母"Y"指式做"永远(1)"(图5-152)至掌心向上做"永远(2)"(图5-153)。

7—9 跟着:体对8点,左起平步三次,前进,二位手领腕延伸拇指、小指做"跟着"(图5-154),眼看正中位。

10—15 您:右起平步六次,前进,顶掸手两次做"您",同图5-95手语舞蹈动作。

图5-152 永远(1)

图5-153 永远(2)

图5-154 跟着

第32—33节:(啊)。

1—6:右起碎垫步两次,向右转一周,右起体前翻盖手两次做"啊",同图5-96手语舞蹈动作。

第34—35节、第37节:好像百鸟朝凤凰(啊)。

好像:同图5-135、图5-136手语翻译。

百鸟:(1)右手食指直立,从左向右挥动一下(图5-155);(2)一手拇指、食指先捏成尖形,手背贴于嘴部,指尖开合几下,表示鸟嘴(图5-156),然后双臂侧斜,向上抬起,掌心向下,扇动两下(图5-157)。

图5-155 百鸟(1)

图5-156 百鸟(2)

图5-157 百鸟(3)

朝(朝礼):一手食指先直立(图5-158),再向下弯动几下(图5-159)。

凤凰：左手拇指、食指相捏，其余三指张开，指尖斜向左前方；右手拇指弯曲贴于掌心，其他四指分开，自左手腕部向后做"V"形移动，表示凤凰的尾巴（图5-160）。

 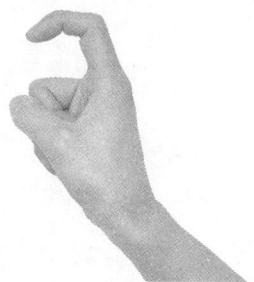 

图5-158　朝礼(1)　　　图5-159　朝礼(2)　　　图5-160　凤凰

1—3 好像百鸟：第1拍，同图5-139、图5-140手语舞蹈动作做"好像"；第2拍，体对2点，左踝前屈腿小跳一次，右手单指至二位手、左手孔雀嘴至三位手领腕做"百鸟(1)"（图5-161）；第3拍，左踝后屈腿小跳一次，双手孔雀嘴领腕，右手至脸前、左三位手做"百鸟(2)"（图5-162）。

图5-161　百鸟(1)　　　　图5-162　百鸟(2)

4—9 朝凤凰（朝礼凤凰）：第4—5拍，体对3点，左脚跟点之字步，七位翻盖手做"朝礼"（图5-163）；第6—9拍，经左踝后屈腿小跳一次至踮脚跑，右手孔雀嘴、左手掌形至三位手做"凤凰"（图5-164）。

图5-163 朝礼

图5-164 凤凰

第38—43节:好像(那)百鸟(啊)朝凤凰(啊)朝凤凰。

好像:同图5-135、图5-136手语翻译。

百鸟:同图5-155、图5-156、图5-157手语翻译。

朝(朝礼):同图5-158、图5-159手语翻译。

凤凰:同图5-160手语翻译。

1—2 好像:同图5-139、图5-140手语舞蹈动作。

3—6 百鸟:同图5-161、图5-162手语舞蹈动作。

7—12 朝凤凰(朝礼凤凰):同图5-163、图5-164手语舞蹈动作。

13—18 朝凤凰(朝礼凤凰):双手五位孔雀手,向右踮脚转圈。

第三节 男子实例《月光下的凤尾竹》

男子实例《月光下的凤尾竹》舞蹈音乐由倪维德作词,施光南作曲,歌曲充满诗情画意,在葫芦丝与月色相伴下,吹奏出一对青年男女谈情说爱的美丽故事。该实例以歌词内容为创作背景,表现了在郁郁葱葱的凤尾竹林、别具一格的傣族楼阁中,醉人的葫芦丝撩拨着姑娘的心弦,竹楼外痴情的小伙倾诉着心中的爱恋,展现出傣族人民勇敢追求幸福生活的场景。

该实例上肢舞蹈动态创作融会了掌形、孔雀嘴、爪形、一位手、二位手、三位手、四位手、五位手、一三位手、领腕、屈掌推腕手、屈掌翻腕手、体前翻盖手、顶撑手等基本手形、手位、常用手腕、手臂动作,在手舞的配合下突出表达一对恋人卿卿我我、相亲相爱的情景,寄托了傣族人民对美好生活的向往和追求。譬如:在第一段第9—16节"月光(啊)下(面的)凤尾竹(哟)"中,"图5-165月光下(1)"、"图5-166月光下(2)"、"图5-167月光下(3)"、"图5-168凤尾竹(1)"、"图5-169凤尾竹(2)"的手语释义艺术转化为"纵向三道弯体态,双手掌形经三位手压腕至五位手做'图5-170月光下(1)'至左手掌形至一位手压腕、右手掌心向下至三位手领腕做'图5-171月光下(2)',左手掌形经三位手领腕至一位手压腕、右手孔雀嘴经一位手压腕至三位手领腕做'图5-172凤尾竹(1)'至双手爪形相对交替侧领腕上移至二位手做'图5-173凤尾竹(2)'至三位手做'图5-174凤尾竹(3)'"的上肢舞蹈动态,该舞句由"掌形"、"孔雀嘴"、"爪形"、"一位手"、"五位手"、"二位手"、"三位手"组成,保留了傣族民间舞蹈手形、手位的动作风格和基本承接方式,以自然朴实的民族性格与手舞意境为基点,展现了融融月光下美丽的凤尾竹林,微风满含深情地摇曳着沾满月光的片片竹叶。舞姿中充满着平和、含蓄、质朴、柔美的风格。再如:在第二段第36—43节"(哎啰哎哎啰哎),金孔雀跟着金马鹿"中,"图5-214金孔雀(1)"、"图5-215金孔雀(2)"、"图5-216金孔雀(3)"、"图5-217金孔雀(4)"、"图5-262跟着"、"图5-243金马鹿(1)"、"图5-244金马鹿(2)"、"图5-245金马鹿(3)"的手语释义艺术转化为"双手爪形至三位手领腕做'图5-263金孔雀'至伸拇指、小指二位领腕推手做'图5-264跟着'至双手于头部两侧领腕模仿马耳做'图5-265金马鹿(1)'、模仿鹿角压腕做'图5-266金马鹿(2)'"的上肢舞蹈动态,把与孔雀崇拜相类似的"马"、"鹿"珍兽一同纳入舞蹈意境中,赤裸的上身露出满身的图纹,展示着男子汉的刚强与勇敢,这些上肢舞蹈动态浸透了浓郁的宗教文化特色,表现出傣族人民敬畏自然、崇拜图腾、热爱生活的情怀。

膝部舞蹈动态创作以连绵不断的屈伸带动身体呈上下起伏和左右横摆的变化,这种变化通过膝部和腿部力量的控制赋予经典的"三道弯"造型,良好的呼吸贯穿、合理的屈伸和力量分配能够提升动作质感,实现作品主题和人物思想的传达。譬如:在第二段第29—35节"(哎),是(农科站的)小崖鹏摘(走这颗)夜明珠"中,舞蹈动态为"向左转身,体对8点,跐脚跑,七位手食指、中指相叠做'图5-259是'至大八字步站,左手叉腰,右手掌心向上至颏下做'图5-260小青年',向左拧身,左跺前屈腿跳一次,双手掌心向下至五位手成空心拳做'图5-261摘'","跐脚跑"碎而小的快速屈伸象征一种运转不息的生命精神,"大八字步站"稳定的膝部结构投射在人物对心上人的爱慕中,"左跺前屈腿跳"跃动之劲势将小伙子豪爽、奔放、追求爱人的精神气质淋漓尽致地表达出来,体现出鲜明的地域色彩和独特的人文内涵。

脚部舞蹈动态创作主要以点丁字步、点之字步、平步、点跳步、碎垫步、跺前屈腿小跳、跺后屈腿小跳等步法之间的变化为切入点,既体现了傣族民间舞蹈传统的美学精神,也暗合了生命意识的觉醒。譬如:在第二段第36—49节"(哎啰哎哎啰哎),金孔雀跟着金马鹿,(一起呀)走向(那哎)结婚登记(处)"中,"图5-263金孔雀"脚部舞蹈动态采用"掖腿小跳",模拟金孔雀展翅动态,取其象,表其意,给人物振奋和鼓舞,紧接着"图5-264跟着"、"图5-265金马鹿(1)"、"图5-266金马鹿(2)"的单腿跪动作憨厚中流露出当代人积极、自由的性格特征，表现出当代人追求爱情的勇气，充满强烈的进步色彩；而后，"图 5－271 去"、"图 5－272 结婚登记(1)"、"图 5－273 结婚登记(2)"脚部舞蹈动态在"平步"和"旁抬腿"之间游走，为人物从"浪漫"走向"现实"而造势，鲜活地再现了人物因情而动、率性起舞的心境。

月光下的凤尾竹

倪维德 词
施光南 曲

1=G 3/4

(6̣ 1 1 | 2 1 2 3 3 | 3 2 2 1 1 2 | 2 1 1 6̣ | 1 − −

1 − − | 3̣ 6̣ 1 | 3 2 1) | 6̣ 1 1 | 2 3 3
　　　　　　　　　　　　　月 光 啊 下 面 的

3 2 2 1 1 6̣ | 1 − 2 1 | 6̣ − − | 6̣ − − | (3̣ 6̣ 1
凤 尾 竹　　　　呦，

3 2 1) | 6̣ 1 1 | 2 3 3 | 3 2 2 1 1 6̣ | 1 − 2 1 |
　　　　轻 柔 啊，美 丽 像 绿 色 的 雾　　　呦。

6̣ − − | 6̣ − − | (3̣ 6̣ 1 3 2 1) | 1 1 2 3 3
　　　　　　　　　　　　　　　　　　1.竹 楼 里　 的
　　　　　　　　　　　　　　　　　　2.竹 楼 里　 的

3 1 2 3 3 | 5 1 2 3 3 | 3 6̣ 1 2 2 | 3 0 0 6̣ | 1 1 2 3 3
好 姑 娘 光 彩 夺 目 像 夜 明 珠， 听 　 啊，多 少 深 情 的
好 姑 娘 为 谁 敞 门 又 开 窗 户， 哎， 是 农 科 站 的

5 1 2 3 3 | 5 3 5 6 6 | 5 1.3 2 1 | 1 − − | 1 − −
葫 芦 笙 对 你 倾 诉 了 心 中 的 爱 慕。
小 崖 鹏 摘 走 这 颗 夜 明 珠。

哎啰哎 哎啰哎 金孔
哎啰哎 哎啰哎 金孔

雀 般的好 姑 娘， 为什么不打开
雀 跟着金 马 鹿， 一起(呀)走向那

(哎) 你的窗户？ 哎
(哎) 结婚登记处。

啰 哎 啰，

哎 啰 哎

啰 Fine

月 光

下 面的凤 尾 竹， 轻柔啊

美 丽像绿 色的 雾。 竹楼

第一段

第1—2节：体对5点，右脚掌点丁字步，纵向三道弯体态，双手掌形至左一右七位手压腕，眼看左斜上位。

第3—4节：舞姿保持，起伏动律一次。

第5—6节：上肢舞姿保持，向左碎步转一周。

第7—8节：体对5点，右脚平步一次成左脚跟点丁字步，纵向三道弯体态，双手经准备手至右一左七位手压腕，眼看右斜上位。

第9—16节：月光（啊）下（面的）凤尾竹（哟）。

月光下：(1) 双手拇指、食指张开，指尖相对，从中间边向两侧下方做弧形移动边捏合拇指、食指，如半弦月亮状（图5-165）；(2) 一手五指撮合，指尖向前，边向前略移边放开五指（图5-166）；(3) 一手伸食指向下指（图5-167）。

图 5-165　月光下(1)

图 5-166　月光下(2)

图 5-167　月光下(3)

凤尾竹：(1) 左手拇指、食指相捏，其余三指张开，指尖斜向左前方，右手拇指弯曲贴于掌心，其他四指分开，自左手腕部向后做"V"形移动，表示凤凰尾巴(图5-168)；(2) 双手拇指、食指捏成圆圈，上下相叠，右手在下不动，左手一顿一顿地向上移动，动作模仿出竹的外形(图5-169)。

图 5-168　凤尾竹(1)

图 5-169　凤尾竹(2)

1—6 月光下：第1拍，向左转身，体对1点，右平步一次，纵向三道弯体态，双手掌形经三位手压腕至五位手做"月光下(1)"(图5-170)，眼看右斜上位；第2—3拍，向右快速转身，体对5点，正步，左手掌形至一位手压腕、右手掌心向下至三位手领腕做"月光下(2)"(图5-171)，眼看左斜下位；第4—6拍，舞姿保持，起伏动律一次。

图 5-170　月光下(1)

图 5-171　月光下(2)

7—24 凤尾竹：第7—8拍，向左转身，体对3点，左勾脚至前吸腿，左手掌形经三位手领腕至一位手压腕，右手孔雀嘴经一位手压腕至三位手领腕做"凤尾竹(1)"(图5-172)；第9—12拍，左脚起前迈两步成左单腿跪地，双手爪形相对交替侧领腕上移至二位手做"凤尾竹(2)"(图5-173)；第13—24拍，渐起身，左起平步四次，向右转一周，三位手侧领腕做"凤尾竹(3)"(图5-174)。

图5-172 凤尾竹(1)　　　图5-173 凤尾竹(2)　　　图5-174 凤尾竹(3)

第17—24节：轻柔(啊)美丽像绿色(的)雾(哟)。

轻柔：(1)一手平伸，掌心向上，轻轻一抬(图5-175)；(2)右手拇指、食指捏住左手食指轻轻扳动几下，左手食指随之弯曲(图5-176)。

图5-175 轻柔(1)　　　　图5-176 轻柔(2)

美丽：一手伸拇指、食指、中指，食指、中指并拢指尖于鼻部(图5-177)，然后边向外移动边收拢食指、中指，只伸出拇指(图5-178)，表示美丽、好看、漂亮的意思。

像：一手食指、中指直立，掌心向外，向脸颊部碰一下(图5-179)。

图5-177 美丽(1)

图5-178 美丽(2)
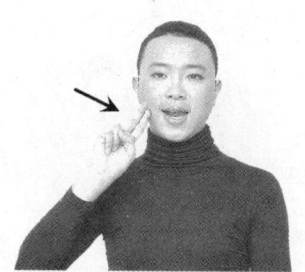
图5-179 像

绿色雾:(1)一手打手指字母"L"指式(图5-180),再打手指字母"U"的指式,手指前后振动两下(图5-181);(2)一手直立,掌心向外,五指张开,在眼前转几圈,表示重雾迷目(图5-182)。

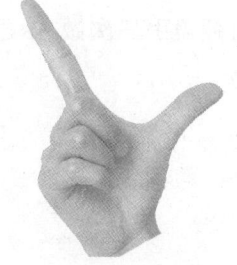
图5-180 绿色雾(1)

图5-181 绿色雾(2)

图5-182 绿色雾(3)

1—3 轻柔:体对8点,右脚前迈一步呈左踏步,屈膝,双手掌形至二位手,右手压腕、左托手做"轻柔"(图5-183),眼看正中位。

Da—:向左转身,体对1点。

4—5 美丽:右平步一次成左旁点步,双手屈掌推腕手经脸前做"美丽(1)"(图5-184)至五位手做"美丽(2)"(图5-185)。

6— 像:向右转身,体对2点,右脚后撤一步呈左脚掌点之字步,双手翻腕手至左二位手、右手于脸颊处做"像"(图5-186),眼看正中位。

图5-183 轻柔

图 5-184 美丽(1)

图 5-185 美丽(2)

图 5-186 像

7—24 绿色雾：第7—8拍，右平步一次，纵向三道弯体态，经二位双推手打手指字母"L"指式做"绿色雾(1)"（图5-187）至五位手掌形压腕做"绿色雾(2)"（图5-188），眼看右斜上位；第9—18拍，向右转身，右起碎垫步三次，向右转体一周，右起体前翻盖手三次做"绿色雾(3)"（图5-189）；第19—24拍，体对2点，右起平步两次，顶弹手两次。

图 5-187 绿色雾(1)

图 5-188 绿色雾(2)

图 5-189 绿色雾(3)

第25—28节：(竹楼里的)好姑娘光彩夺目像夜明珠。

好姑娘：(1) 一手伸出拇指（图5-190）；(2) 右手拇指、食指捏一下耳垂（图5-191）。

图 5-190 好姑娘(1)

图 5-191 好姑娘(2)

光彩夺目(美丽):同图5-177、图5-178手语翻译。

像:同图5-179手语翻译。

夜明珠:(1)一手拇指与并拢的四指成90度直角于眼前(图5-192),然后边做弧形下移边捏合五指(图5-193),表示天色由明转暗;(2)双手五指相捏,指尖相对(图5-194),然后分别向两侧上方移动,并张开五指(图5-195),表示逐渐有了光亮;(3)左手横伸,右手拇指、食指捏成小圆圈,于左手掌心上略晃动(图5-196)。

图5-192 夜明珠(1)

图5-193 夜明珠(2)

图5-194 夜明珠(3)

图5-195 夜明珠(4)

图5-196 夜明珠(5)

1—6 好姑娘:第1—3拍,体对8点,踮脚跑,双手自然摆动;第4—6拍,左起平步三次,后退,双手屈掌推、翻腕手一次至左手摸耳垂做"好姑娘"(图5-197)。

Da—向左转身,体对1点。

7—9 光彩夺目像(美丽像):同图5-184、图5-185、图5-186手语舞蹈动作。

10—12 夜明珠:第10拍,体对1点,右脚前迈踮脚一次,左手掌形至一位手压腕,右手掌形领腕经三位手向左下弧线至左肩做"夜明珠(1)"(图5-198);第11—12拍,左脚掌前点,右腿直膝,双手掌形经三位手扩指做"夜明珠(2)"(图5-199)至右手领腕、左托手做"夜明珠(3)"(图5-200),眼看左斜下位。

图 5-197　好姑娘

图 5-198　夜明珠(1)

图 5-199　夜明珠(2)

图 5-200　夜明珠(3)

第 29—35 节：听(啊)，(多少深情的)葫芦笙(对你)倾诉(了)心中(的)爱慕。

听：一手掌心向外，贴于耳部(图 5-201)。

葫芦笙：(1) 双手拇指、食指搭成圆形，由下向上做弧形移动，下大上小，动作仿葫芦外形(图 5-202)；(2) 双手于嘴前做吹笙状(图 5-203)。

倾诉(说)：一手食指横伸，在嘴前转动两下(图 5-204)。

图 5-201　听

图 5-202　葫芦笙(1)

图5-203 葫芦笙(2)

图5-204 说

心中：(1) 双手拇指、食指搭成"♡"形，贴于胸部(图5-205)；(2) 左手拇指、食指与右手食指搭成"中"字形(图5-206)。

图5-205 心中(1)
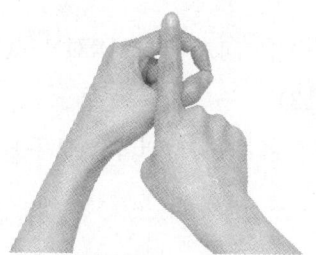
图5-206 心中(2)

爱慕：(1) 左手伸拇指；右手轻轻抚摸左手拇指指背，表示怜爱的感情(图5-207)；(2) 一手伸拇指并略晃两下，面露喜爱表情(图5-208)。

图5-207 爱慕(1)
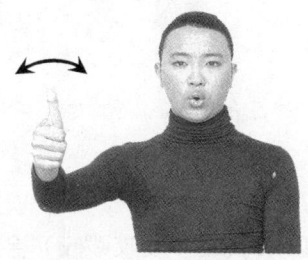
图5-208 爱慕(2)

1—3 听：左脚平步一次成右旁点步，屈膝，双手掌形、压腕，右手至二位手、左手至耳旁做"听"(图5-209)，眼看右斜中位。

4—9 葫芦笙：第4—6拍，上肢舞姿保持，向右转身，踮脚跑，后弧线；第7—9拍，踮脚跑，前弧线，双手掌形经嘴前压腕至三位手延伸做"葫芦笙"(图5-210)。

10—12 倾诉(说)：体对3点，左跺后屈腿小跳一次，双手顶撑手做"说"(图5-211)。

图 5-209 听

图 5-210 葫芦笙

图 5-211 说

13—14 心中：向左转身，体对 1 点，左前屈腿小跳一次，双手成"♡"形至二位手做"心中"(图 5-212)。

15—21 爱慕：向左碎步转，双手屈掌推腕至七位手做"爱慕"(图 5-213)，眼看左斜上位。

图 5-212 心中

图 5-213 爱慕

第 36—43 节：(哎啰哎哎啰哎)，金孔雀(般的)好姑娘。

金孔雀：(1) 左手握拳，手背向上，右手食指在左手无名指根部点一下，以金戒指表示金(图 5-214)；(2) 一手伸拇指、食指，指尖相捏，手背贴于嘴部(图 5-215)；(3) 双手交叉互叠，掌心向外，指尖向上(图 5-216)，手指由并拢至张开，并向两边做扇形打开，仿孔雀开屏状(图 5-217)。

图 5-214　金孔雀(1)

图 5-215　金孔雀(2)

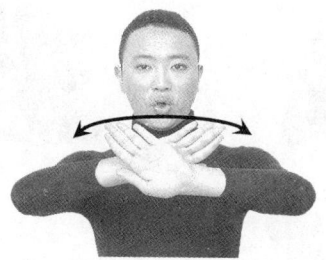
图 5-216　金孔雀(3)

图 5-217　金孔雀(4)

好姑娘：同图 5-190、图 5-191 手语翻译。

1—12：第 1—3 拍，体对 2 点，右平步一次，双手掌形至一位手，右手领腕、左手压腕一次；第 4—6 拍，左起平步三次，左起领腕、右手压腕三次；第 7—12 拍，向左转身，体对 8 点，同第 1—6 拍舞蹈动作。

13—18 金孔雀：体对 8 点，右起踩前屈腿小跳两次，双手孔雀嘴至四位手做"金孔雀"（图 5-218）。

图 5-218　金孔雀

图 5-219　好姑娘

19—24 好姑娘：第 19—20 拍，体对 2 点，右平步一次，前行，双手屈掌推腕至左一右七位手做"好姑娘"(图5-219);第21—24拍,向左转身,体对8点,左起平步三次,后退,双手屈掌推、翻腕手一次至左手摸耳垂同图5-197手语舞蹈动作。

第44—49节:为什么不打开(哎)你(的)窗户?

为什么:(1) 右手伸拇指、食指,食指指尖向前,腕部向右转动一下(图5-220);(2) 双手平伸,掌心向下(图5-221),然后翻转为掌心向上(图5-222)。

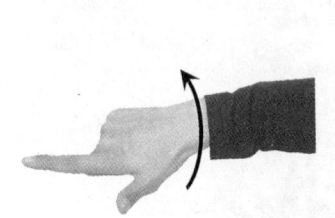
图5-220 为什么(1)

图5-221 为什么(2)

图5-222 为什么(3)

不打开(不开):(1) 一手直立,掌心向外,左右摆动几下(图5-223);(2) 双手并排直立,掌心向两侧打开(图5-224),然后向内转动90度,掌心相对(图5-225)。

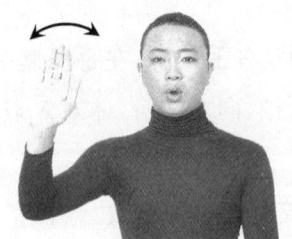
图5-223 不开(1)

图5-224 不开(2)

图5-225 不开(3)

你:一手食指指向对方(图5-226)。

窗户:双手并排直立,掌心向外(图5-227),左手不动,右手左右移动两下,如推拉窗开合状(图5-228)。

图5-226 你

图5-227 窗户(1)

图5-228 窗户(2)

1—3 为什么:体对8点,左起平步三次,后退,双手掌形经二位手掌心向下做"为什么(1)"(图5-229)至七位手掌心向上做"为什么(2)"(图5-230)。

图5-229 为什么(1)

图5-230 为什么(2)

4—9 不打开(不开):第4—6拍,向左转身,体对4点,踮脚跑,左脚前迈一步呈右踏步,摇头同时双手掌形经二位手压腕推至五位手做"不开"(图5-231);第7—9拍,向右转身,体对6点,做第4—6拍反面动作。

10—18 你窗户:第10—11拍,向左转身,体对2点,左脚之字步,双手掌形,左一右七位手压腕做"你"(图5-232);第12—18拍,向右转身,体对8点,踮脚跑,双手掌形经二位手压腕推至三位手做"窗户"(图5-233)。

图5-231 不开

图5-232 你

图5-233 窗户

第72—76节:月光下(面的)凤尾竹。

月光下:同图5-165、图5-166、图5-167手语翻译。

凤尾竹:同图5-168、图5-169手语翻译。

1—6 月光下:同图5-170、图5-171手语舞蹈动作。

7—15 凤尾竹：第 7—9 拍，向左转身，体对 3 点，左勾脚至前吸腿，左手掌形经二位手至一位手压腕，右手孔雀嘴至三位手做"凤尾竹(1)"，同图 5-172 手语舞蹈动作；第 10—12 拍，左脚起前迈两步成左单腿跪地，双手交替侧领腕上移至二位手做"凤尾竹(2)"，同图 5-173 手语舞蹈动作；第 13—15 拍，渐起身，左平步一次，三位手侧领腕做"凤尾竹(3)"，同图 5-174 手语舞蹈动作。

第 77—81 节：轻柔(啊)美丽像绿色(的)雾。

轻柔：同图 5-175、图 5-176 手语翻译。

美丽：同图 5-177、图 5-178 手语翻译。

像：同图 5-179 手语翻译。

绿色雾：同图 5-180、图 5-181、图 5-182 手语翻译。

1—3 轻柔：同图 5-183 手语舞蹈动作。

4—6 美丽像：同图 5-184、图 5-185、图 5-186 手语舞蹈动作。

7—9 绿色：同图 5-187、图 5-188 手语舞蹈动作。

10—15 雾：向右转身，右起碎垫步两次，右起体前翻盖手两次做"雾"，同图 5-189 手语舞蹈动作。

第 82—86 节：(竹楼里的)好姑娘。

好姑娘：同图 5-190、图 5-191 手语翻译。

1—15 好姑娘：第 1—6 拍，体对 8 点，左起平步两次，前行，双手至二位手屈掌推做"好姑娘(1)"(图 5-234)至翻腕做"好姑娘(2)"(图 5-235)；第 7—9 拍，向右转身，体对 2 点，左平步一次，后退，双手至二位手屈掌推腕一次做"好姑娘(1)"，同图 5-234；第 10—12 拍，体对 2 点，右起平步三次，后退，双手屈掌推翻腕手一次至右手摸耳垂做图 5-197 反面动作；第 13—15 拍，舞姿保持，起伏动律一次。

图 5-234　好姑娘(1)

图 5-235　好姑娘(2)

第87—91节：歌声（啊）甜蜜（像果子露）。

歌声甜蜜（歌声好）：(1)一手食指指尖抵于喉部，嘴略张，头向两侧摇摆，模仿唱歌状（图5-236）；(2)一手伸出拇指（图5-237）。

图5-236 歌声好(1)

图5-237 歌声好(2)

1—3 歌声：向右碎步转两周，左手掌形至七位手压腕，右手压腕单指指喉部做"歌声"（图5-238），眼看右斜上位。

4—15 甜蜜（好）：第4—9拍，同图5-234、图5-235手语舞蹈动作；第10—15拍，向左转身，体对2点，同第4—9拍手语舞蹈动作。

第92—107节：(哎，痴情的)小伙子(野藤莫缠槟榔树)，姑娘(啊，她的)心(已经)属于人，金孔雀(呀)金马鹿。

小伙子（小青年）：一手掌心在颏下抚摸两下（图5-239）。

姑娘：同图5-191手语翻译。

心：同图5-205手语翻译。

图5-238 歌声

属于人（给人）：(1)双手五指虚捏，掌心向上（图5-240），边向外移动边张开手，如给别人东西（图5-241）；(2)双手食指搭成"人"字形（图5-242）。

图5-239 小青年

图5-240 给人(1)

图5-241 给人(2)　　　　　图5-242 给人(3)

金孔雀：同图5-214、图5-215、图5-216、图5-217手语翻译。

金马鹿：(1) 左手握拳，手背向上，右手食指在左手无名指根部点一下，以金戒指表示金(图5-243)；(2) 一手食指直立，虎口贴于太阳穴，前后略动几下，仿马的耳朵(图5-244)；(3) 右手拇指、食指、小指直立，拇指尖顶在太阳穴，模仿鹿的角(图5-245)。

图5-243 金马鹿(1)　　　图5-244 金马鹿(2)　　　图5-245 金马鹿(3)

1—3 哎：向右转身，体对8点，跐脚跑，双手自然摆动。

4—21 小伙子(小青年)：第4—9拍，体对8点，右腿单跪地，左腿直膝，左脚掌蹬地，左手撑地，右手抚下颏一慢两快做"小青年(1)"(图5-246)；第10—21拍，向左趟地翻滚一周后，右起前抬腿六次，前弧线，七位翻盖手六次做"小青年(2)"(图5-247)。

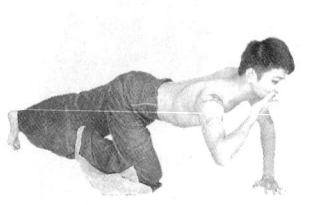

图5-246 小青年(1)　　　　图5-247 小青年(2)

22—30 姑娘：第22—27拍，体对1点，左脚掌至丁字点吸步两次，左手掌形至二位手压腕，右手压腕摸耳垂做"姑娘"（图5-248），眼看左斜下位；第28—30拍，上肢舞姿保持，向左碎步转一周。

31—33 心：体对1点，左前屈腿小跳一次，双手于"♡"形二位手做"心中"，同图5-212手语舞蹈动作。

34—36 属于人（给人）：体对2点，右跐脚，双手顶撑手一次做"给人"（图5-249）。

图5-248 姑娘

图5-249 给人

37—39 金孔雀：向右转身，体对8点，左跺前屈腿小跳一次，双手孔雀嘴至四位手做"金孔雀"，同图5-218手语舞蹈动作。

40—48 金马鹿：第40—42拍，体对2点，右起前弓步三次（一快两慢），双手模仿马耳至头部两侧领腕做"金马鹿（1）"（图5-250）、模仿鹿角压腕做"金马鹿（2）"（图5-251）；第43—48拍，上肢舞姿保持，向左转身，后踢步，前弧线。

图5-250 金马鹿（1）

图5-251 金马鹿（2）

第二段

第1—8节：向左转身，左起平步八次，后弧线，双手至一位手左起领腕、右手压腕八次。

第9—24节：月光（啊）下（面的）凤尾竹（哟），轻柔（啊）美丽像绿色（的）雾（哟）。

1—48：同第一段第9—24节手语舞蹈动作。

第25—28节：（竹楼里的）好姑娘为谁敲门（又）开窗户。

好姑娘：同图5-190、图5-191手语翻译。

为谁：（1）右手伸拇指、食指，食指指尖向前，腕部向右转动一下（图5-252）；（2）一手食指直立，掌心向外，左右晃动几下（图5-253）。

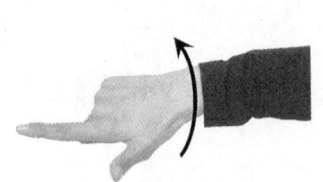
图5-252　为谁（1）

图5-253　为谁（2）

敲门开窗户（开门窗）：同图5-227、图5-228手语翻译。

1—6 好姑娘：同图5-197手语舞蹈动作。

7— 为谁：向右转身，体对1点，右脚掌至丁字点跳步一次，右起爪形七位翻盖手一次做"为谁"（图5-254）。

8—12 敲门开窗户（开门窗）：第8—9拍，体对1点，左脚掌至丁字点吸步一次，双手掌形经二位手压腕至五位手做"开门窗"（图5-255）；第10—12拍，向左转身，体对5点，做第8—9拍反面动作。

图5-254　为谁

图5-255　开门窗

第29—35节：(哎)，是(农科站的)小崖鹏摘(走这颗)夜明珠。

是：一手食指、中指相叠，由上而下挥动一下(图5-256)。

小崖鹏(小青年)：同图5-239手语翻译。

摘：一手五指张开略屈(图5-257)，在头的一侧上方往下揪一下(图5-258)，头同时仰视手的动作。

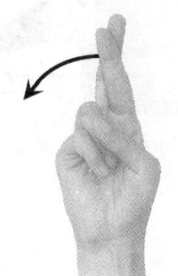  

图5-256　是　　　　　图5-257　摘(1)　　　　　图5-258　摘(2)

夜明珠：同图5-192、图5-193、图5-194、图5-195、图5-196手语翻译。

1—6 是：向左转身，体对8点，跐脚跑，七位手食指、中指相叠做"是"(图5-259)。

7—9 小崖鹏(小青年)：体对8点，大八字步站，左手叉腰，右手掌心向上至颏下做"小青年"(图5-260)，眼看正中位。

10—12 摘：体对8点，向左拧身，左踝前屈腿跳一次，双手掌心向下至五位手成空心拳做"摘"(图5-261)，眼看正上位。

图5-259　是　　　　　图5-260　小青年　　　　　图5-261　摘

13—21 夜明珠：第13—14拍，体对1点，右脚前迈一步，左手掌形至一位手，右手领腕经三位手向左下弧线至左肩做"夜明珠(1)"，同图5-198手语舞蹈动作；第15—21拍，左脚掌前点，右腿直膝，双手掌形经三位手扩指做"夜明珠(2)"，同图5-199手语舞蹈动作，至右手领腕、左托手做"夜明珠(3)",图 5-200 手语舞蹈动作,起伏动律两次。

第 36—43 节:(哎啰哎哎啰哎),金孔雀跟着金马鹿。

金孔雀:同图 5-214、图 5-215、图 5-216、图 5-217 手语翻译。

跟着:双手伸拇指、小指,一前一后,同时向前移动(图 5-262)。

金马鹿:同图 5-243、图 5-244、图 5-245 手语翻译。

1—12:第 1—3 拍,向左转身,体对 5 点,左平步一次,双手掌形至一位手,左手领腕、右手压腕一次;第 4—6 拍,右起平步三次,右起领腕、左手压腕三次;第 7—12 拍,同第 1—6 拍舞蹈动作。

图 5-262　跟着

13—17 金孔雀:体对 5 点,右起掖腿小跳两次,双手爪形至三位手领腕做"金孔雀"(图 5-263)。

18— 跟着:向右转身,体对 2 点,右脚前迈一步成左单腿跪,双手伸拇指、小指经二位领腕推手做"跟着"(图 5-264),眼看正中位。

图 5-263　金孔雀

图 5-264　跟着

19—24 金马鹿:起伏动律一次,双手至头部两侧领腕模仿马耳做"金马鹿(1)"(图 5-265),跪转身一次成左单腿、模仿鹿角压腕做"金马鹿(2)"(图 5-266)。

图 5-265　金马鹿(1)　　　　图 5-266　金马鹿(2)

第44—49节:(一起呀)走向(那哎)结婚登记(处)。

走向(去):一手伸拇指、小指,由内向外移动(图 5-267)。

结婚:双手伸拇指,虎口向上(图 5-268),指尖相对,弯曲一下(图 5-269)。

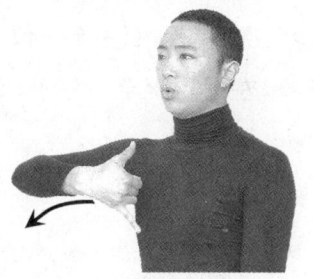 

图 5-267　去　　　　图 5-268　结婚(1)

登记:左手横伸,右手中指、无名指、小指指尖向下在左手掌心上点一下,表示登记姓名(图 5-270)。

图 5-269　结婚(2)　　　　图 5-270　登记

1—9 走向(去):第1—4拍,体对1点,右起平步四次,前行,双手至一位手,右起交替领压腕四次做"去"(图 5-271);第5—6拍,舞姿保持;第7—9拍,同第1—3拍手语舞蹈动作。

10—18 结婚登记:体对1点,右起旁抬腿九次,前行,双手二位屈掌拇指弯曲做"结婚登记(1)"(图 5-272),左端手、右侧领腕做"结婚登记(2)"(图 5-273)。

图 5-271 去　　　　　　图 5-272 结婚登记(1)　　　　　图 5-273 结婚登记(2)

第 50—53 节:(哎啰,哎啰)。

1—12:第 1—6 拍,向右转身,体对 4 点,右起平步两次,前行,双手至一位手,右起领腕、左手压腕两次;第 7—12 拍,右点之字步一次,向左拧身,左手压腕至一位手、右手领腕至七位手,眼看左斜中位。

第 54—57 节:(哎啰,哎啰)。

1—12:向右转身,体对 6 点,同第二段第 50—53 节舞蹈动作。

第 58—65 节:(哎啰,哎啰)。

1—24:向右转身,右起平步八次,前弧线,双手至一位手,右起领腕、左手压腕八次。

第四节　知识拓展

本节针对傣族民间手语舞蹈创作进行手语知识拓展,选取的曲目为《傣家小妹走过来》。歌曲旋律优美,具有浓郁的傣族特色和鲜明的时代特征,展现出傣家小姑娘柔美动人、俏皮可爱的一面。

傣家小妹走过来

1=♭E 2/4

| 3 1 1 1 6 1 | 6 5 1　2 3· | 3 1　6 5 3 | 3 2 1　2 | 3 1　1 6 1 |

1.傣 家的小妹　　走 过 来　　风儿 吹 得　彩裙 摆　　耳环 摇 醒那
2.圆 圆的月亮　　爬 上 来　　葫芦 口 弦　响山 寨

春天的梦　就像那孔雀　把屏开　　阿爸骄傲地笑弯了腰

阿妈为她乐开了怀　红红的篝火映笑脸　阿妹的舞姿

真精彩　傣家米酒请客人喝　香喷喷的粽子　端上来

傣家的阿妹　走过来　　就像那孔雀　把屏开

小妹　　走过来　　就像那天仙　下凡来。 Fine

第一段

第1—2节：(傣家的)小妹走过来。

小妹(姑娘)：右手拇指、食指捏耳垂(图5-274)。

走过来(走)：一手食指、中指分开,指尖向下,交替向前移动(图5-275)。

图5-274 姑娘

图5-275 走

第3—4节：风儿吹(得)彩裙摆。

风儿：一手直立,五指略屈,左右来回扇动几下(图5-276)。

吹：一手虚握，放在嘴边做吹号状（图5-277）。

彩裙摆：双手指尖向下张开，在小腹位置从中间一顿一顿地向两边移动，如裙子形状，同时摆动身体（图5-278）。

图5-276 风儿

图5-277 吹

图5-278 彩裙摆

第5—6节：耳环摇醒（那）春天（的）梦。

耳环：一手拇指、食指捏住耳垂，并晃动几下（图5-279）。

摇醒：头先歪向一边，眼闭拢，一手拇指、食指相捏置于一眼角处（图5-280），然后打开，眼睛同时睁开，头抬正（图5-281）。

图5-279 耳环

图5-280 摇醒（1）

图5-281 摇醒（2）

春天梦：(1)左手握拳，手背向上，右手伸食指在左拳食指骨节处点一下，表示春季（图5-282）；(2)一手伸拇指、小指，从太阳穴处斜着向上旋转上升（图5-283）。

图5-282 春天梦（1）

图5-283 春天梦(2)

图5-284 像

第7—8节：(就)像(那)孔雀把屏开。

像：一手食指、中指直立，掌心向外，向脸颊部碰一下(图5-284)。

孔雀把屏开(孔雀开屏)：(1) 一手伸拇指、食指，指尖相捏，手背贴于嘴部(图5-285)；(2) 双手交叉互叠，掌心向外，指尖向上(图5-286)，手指由并拢至张开，并向两边做扇形打开，仿孔雀开屏状(图5-287)。

图5-285 孔雀开屏(1)

图5-286 孔雀开屏(2)

图5-287 孔雀开屏(3)

第9—10节：阿爸骄傲(地)笑弯(了)腰。

阿爸(爸爸)：右手伸拇指，指尖左侧部贴在嘴唇上(图5-288)。

骄傲：双手伸拇指在胸前上下交替动几下，面露自豪样(图5-289)。

笑：一手拇指、食指微弯，置于颌部，脸露笑容(图5-290)。

图5-288 爸爸

图 5-289 骄傲　　　　　图 5-290 笑

弯腰：身体前倾、弯腰。

第 11—12 节：阿妈为她乐开了怀。

阿妈（妈妈）：右手伸食指，指尖左侧部贴在嘴唇上（图 5-291）。

为她：(1) 右手伸拇指、食指，食指指尖向前，腕部向右转动一下（图 5-292）；(2) 一手食指指向侧方第三者（图 5-293）。

图 5-291 妈妈　　　图 5-292 为她(1)　　　图 5-293 为她(2)

乐开了怀（开心）：双手横伸，掌心向上，在胸前上下交替移动，面露笑容（图 5-294）。

第二段

第 1—2 节：圆圆（的）月亮爬上来。

圆圆：双手拇指、食指略弯，虎口向外，搭成圆形（图 5-295）。

图 5-294 开心

月亮爬上来：双手拇指、食指张开，指尖相对，从中间向两侧边做弧形移动边捏合两指，如半弦月亮状，同时从身体一侧向头顶做弧形移动（图 5-296）。

图5-295 圆圆

图5-296 月亮爬上来

第3—4节:葫芦口弦响山寨。

葫芦口弦(葫芦笙):(1)双手拇指、食指搭成圆形,由下向上做弧形移动,下大上小,仿葫芦外形(图5-297);(2)双手于嘴前做吹笙状(图5-298)。

响山寨(环绕房子):双手搭成"∧"形转一圈(图5-299)。

图5-297 葫芦笙(1)

图5-298 葫芦笙(2)

图5-299 环绕房子

第13—14节:红红(的)篝火映笑脸。

红红:一手打手指字母"H"的指式,并摸摸嘴唇(图5-300)。

篝火:双手平伸,五指略屈,指尖朝上,上下交替动几下,如火苗跳动状(图5-301)。

映笑脸:一手五指并拢轻贴一下面颊部,脸露笑容(图5-302)。

图5-300 红红

图5-301 篝火

图5-302 映笑脸

第15—16节:阿妹(的)舞姿真精彩。

阿妹(姑娘):同图5-274手语翻译。

舞姿：双手手背抵住腰部，扭动身体，如舞蹈状态（图5-303）。

真精彩（美丽）：一手伸拇指、食指、中指，食指、中指并拢指尖于鼻部（图5-304），然后边向外移边收拢食、中指，只伸出拇指（图5-305），表示美丽、好看、漂亮的意思。

 图5-303 舞姿　　 图5-304 美丽(1)　　 图5-305 美丽(2)

第17—18节：(傣家)米酒请(客人)喝。

米酒（酒）：一手打手指字母"J"的指式放在嘴边，做喝酒状（图5-306）。

请喝：（1）双手平伸，掌心向上，同时向一侧略移（图5-307）；（2）双手于体前伸出，掌心向内，两拇指指尖相触，其余四指并拢，右手手背搭在左手心上，如捧起酒杯请人喝酒（图5-308）。

 图5-306 酒　　 图5-307 请喝(1)　　 图5-308 请喝(2)

第19—20节：香喷喷(的)粽子端上来。

香喷喷：一手拇指、食指在鼻孔前捻动（图5-309），然后伸出拇指（图5-310）。

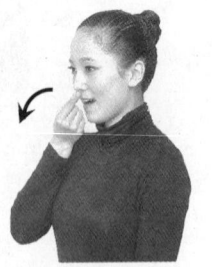 图5-309 香喷喷(1)　　 图5-310 香喷喷(2)

粽子：左手拇指、食指、小指，指尖向右，中指、无名指弯曲；右手拇指、食指相捏，围绕左手转几下，模仿捆粽子的动作（图5-311）。

端上来：双手掌心向上，向外移动，如端粽子给他人（图5-312）。

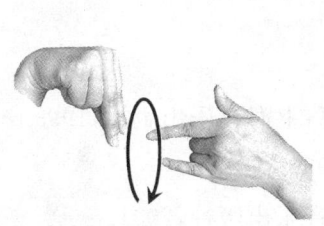
图5-311 粽子

图5-312 端上来

第21—22节：（傣家的）阿妹走过来。

阿妹（姑娘）：同图5-274手语翻译。

走过来（走）：同图5-275手语翻译。

第23—24节：（就）像（那）孔雀把屏开。

像：同图5-284手语翻译。

孔雀把屏开（孔雀开屏）：同图5-285、图5-286、图5-287手语翻译。

第25—26节：小妹走过来。

小妹（姑娘）：同图5-274手语翻译。

走过来（走）：同图5-275手语翻译。

第27—28节：（就）像（那）天仙下凡来。

像：同图5-284手语翻译。

天仙：（1）一手食指直立，在头前上方转动一圈（图5-313）；（2）双手合十于胸前（图5-314）。

下凡来（飞来）：双臂侧斜，向上抬起，掌心向下，手臂大幅度上下扇动（图5-315）。

图5-313 天仙（1）

图5-314 天仙（2）

图5-315 飞来

参考文献

一、著作

1. 隆荫培,徐尔充,欧建平.舞蹈知识手册[M].上海:上海音乐出版社,1999.
2. 赵锡安.中国手语研究[M].北京:华夏出版社,1999.
3. 罗雄岩.中国民间舞蹈文化教程[M].上海:上海音乐出版社,2001.
4. 潘志涛.中国民间舞教材与教法[M].上海:上海音乐出版社,2001.
5. 顾明远.教育大辞典[M].上海:上海教育出版社,1999.
6. 王海英,肖灵.舞蹈训练与编创[M].北京:高等教育出版社,2002.
7. 中国聋人协会.中国手语[M].北京:华夏出版社,1990.
8. 金秋.舞蹈欣赏[M].北京:高等教育出版社,2003.
9. 赵锡安.聋人双语文化教学研究[M].北京:华夏出版社,2004.
10. 韩萍,郭磊.中国少数民族民间舞教程[M].北京:高等教育出版社,2004.
11. 赵铁春,田露.中国汉族民间舞教程[M].北京:高等教育出版社,2004.
12. 贾安林,钟宁.中国民族民间舞初级教程[M].上海:上海音乐出版社,2004.
13. 贾安林.中国民族民间舞作品赏析[M].上海:上海音乐出版社,2004.
14. 高云.舞蹈解剖学[M].北京:高等教育出版社,2004.
15. 平心.舞蹈心理学[M].北京:高等教育出版社,2004.
16. 沈玉林.双语聋教育的理论与实践[M].北京:华夏出版社,2005.
17. [美]J. D. Schein,D. A. Stewart.动作中的手语:探究手语的本质[M].邢敏华,译.台北:心理出版社,2005.
18. 罗雄岩.中国民间舞蹈文化[M].上海:上海音乐出版社,2006.
19. [法]卡琳娜·伐纳.舞蹈创编法.[M].郑慧慧,译.上海:上海音乐出版社,2006.
20. 刘青弋.动感空间[M].上海:上海音乐出版社,2004.
21. [德]黑格尔.美学(第一卷)[M].朱光潜,译.北京:商务印书馆出版,2009.
22. 张宁生.手语翻译概论[M].郑州:郑州大学出版社,2009.
23. 林新华.崇高的文化阐释[M].上海:复旦大学出版社,2009.
24. 张宁生.聋人文化概论[M].郑州:郑州大学出版社,2010.
25. 郑璇.中国手语如何表达非视觉概念[M].北京:知识产权出版社,2011.

26. 赵建民.手语语言学概论[M].台北:台湾启聪协会,2011.

27. 刘青弋.现代舞蹈的身体语言教程[M].北京:中国人民大学出版社,2011.

28. 丁勇.当代特殊教育新论——走向学科建设的特殊教育研究[M].南京:南京师范大学出版社,2012.

二、期刊论文

1. 张大鸣.论傣族生态文化对傣族舞蹈的影响[J].艺术评论,2009(7).

2. 戴虎.《伊犁赛乃姆》艺术形态特点研究[J].北京舞蹈学院学报,2011(4).

3. 庞佳.手语舞蹈在中国——来自聋人的舞蹈文化呼唤[J].舞蹈,2013(12).

4. 庞佳.聋人文化视野下的手语舞蹈价值观[J].现代特殊教育,2014(11).

5. 塔来提·吐尔地.维吾尔族舞蹈源流谱系调查与研究[J].北京舞蹈学院学报,2014(6).

6. 庞佳.论手语与舞蹈交融现象研究的逻辑起点[J].北京舞蹈学院学报,2015(5).

7. 庞佳.手语文化和舞蹈文化的融合及艺术表现形式研究[J].现代特殊教育,2015(7—8).

8. 庞佳.多学科交叉融合观照下的手语舞蹈教学研究[J].现代特殊教育,2015(9).

9. 庞佳.潜在成长模式应用研究——舞动治疗对自闭症儿童共享式注意力的影响[J].调研世界,2015(257).

附录　手语图示说明[1]

一、汉语手指字母

汉语拼音方案所规定的二十六个字母、四组双字母（ZH、CH、SH、NG）用下列指式表示。

A：拇指伸出，指尖向上，其余四指握拳（图1）。

B：手掌伸直，拇指弯曲贴于手心，其余四指并齐，指尖向上，手心向前偏左（图2）。

C：拇指在下，向上弯曲，其余四指并齐向下弯曲，相对形成"C"形，虎口向里（图3）。

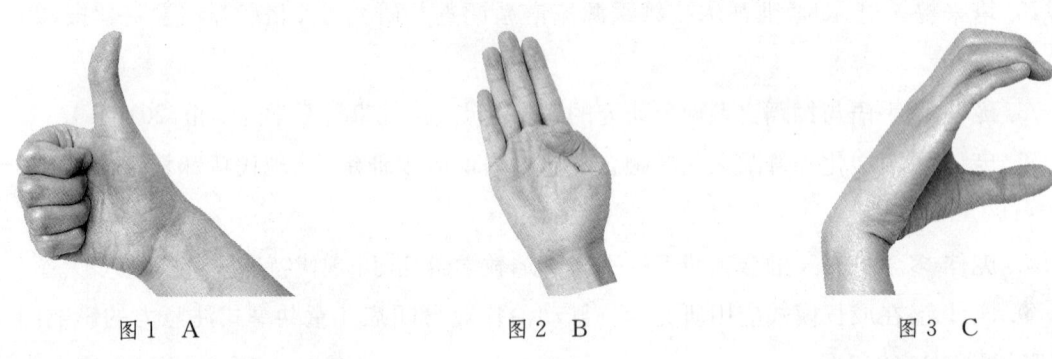

图1　A　　　　　　　图2　B　　　　　　　图3　C

D：握拳，拇指搭在中指第二节上，虎口向后上方（图4）。

E：中指、无名指、小指三指伸直分开，指尖向左，手背向外，拇指和食指弯曲，拇指搭在食指上（图5）。

F：食指、中指两指伸直分开，指尖向左，手背向外，其余三指弯曲，拇指搭在无名指上（图6）。

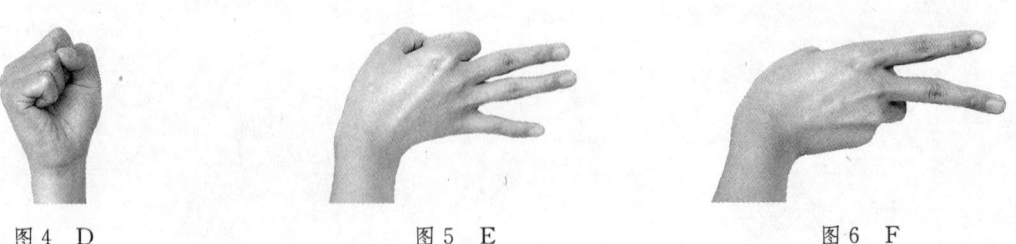

图4　D　　　　　　　图5　E　　　　　　　图6　F

G：食指伸直，指尖向左，其余四指握拳，手背向外（图7）。

---

[1] 中国聋人协会.中国手语[M].北京：华夏出版社，2003：17－22.

H：食指、中指两指并紧伸直，指尖向上，手心向前偏左，其余三指弯曲，拇指搭在无名指上（图8）。

I：食指伸直，指尖向上，其余四指握拳，拇指搭在中指上，手心向前偏左（图9）。

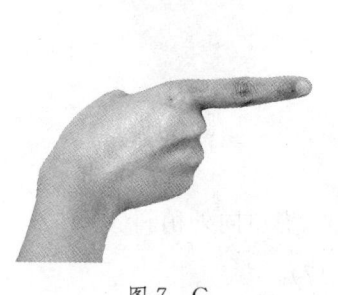  

图7 G　　　　　　　　图8 H　　　　　　　　图9 I

J：食指向上伸出弯曲，其余四指握拳，拇指搭在中指上，手心向前偏左（图10）。

K：食指伸直，指尖向上，中指伸直与食指成90度角，拇指与中指交叉相搭，其余两指弯曲，虎口向里（图11）。

L：拇指、食指两指伸直分开，形成"L"形，其余三指握拳，虎口向上，手心向前偏左（图12）。

图10 J　　　　　　　　图11 K　　　　　　　　图12 L

M：拇指和小指弯曲，拇指搭在小指第二节上，其余三指并齐向下弯曲，指尖稍向下斜，临空压在拇指上，手心向前偏左（图13）。

N：无名指、小指弯曲，拇指搭在无名指上，其余两指并齐向下弯曲，指尖稍向下斜，临空压在拇指上，手心向前偏左（图14）。

O：食指、中指、无名指、小指四指并齐弯曲，拇指与食指、中指相抵成空拳，虎口向里，形成"O"形（图15）。

  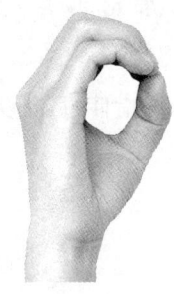

图 13　M　　　　　　　图 14　N　　　　　　　图 15　O

P：拇指与食指相抵成圆圈，其余三指伸直并齐，指尖向下斜伸，虎口向外稍斜（图 16）。

Q：拇指与食指、中指相捏，其余两指弯曲，虎口向里偏左（图 17）。

R：拇指、食指伸出，拇指指尖向上稍斜，食指指尖向左，手背向外，其余三指握拳（图 18）。

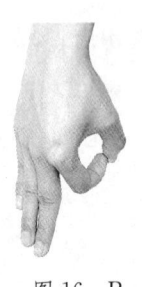 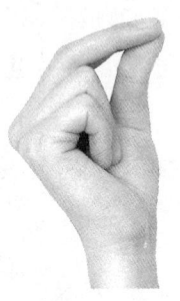 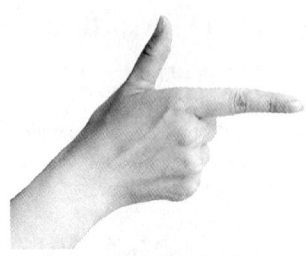

图 16　P　　　　　　　图 17　Q　　　　　　　图 18　R

S：食指、中指、无名指、小指四指并齐弯曲，手指靠近手掌一节，跟手掌成 90 度角，拇指向上伸出，手心向左前方（图 19）。

T：拇指与中指、无名指相抵成圆圈，食指和小指伸出，指尖向上，手心向前偏左（图 20）。

U：手掌伸直，食指、中指、无名指、小指四指并齐，指尖向上，拇指分开，手心向前偏左（图 21）。

 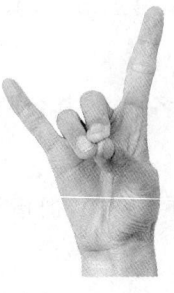 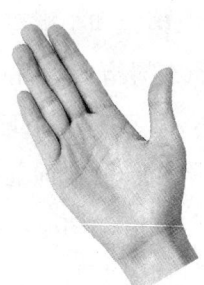

图 19　S　　　　　　　图 20　T　　　　　　　图 21　U

V：食指与中指伸直分开成"V"形，指尖向上，其余三指弯曲，拇指搭在无名指上，手心向前偏左(图22)。

W：食指、中指、无名指三指伸直分开成"W"形，指尖向上，其余两指弯曲相搭，手心向前偏左(图23)。

X：中指搭在食指上成交叉形，指尖向上，其余三指握拳，拇指搭在无名指上，手心向前偏左(图24)。

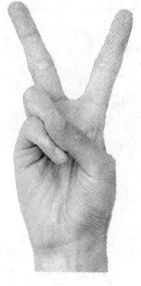
图22　V

图23　W

图24　X

Y：拇指和小指伸出，指尖向上，其余三指握拳，手心向前偏左(图25)。

Z：食指和小指伸直，指尖向左，手背向外，其余三指弯曲，拇指搭在中指和无名指上(图26)。

ZH：食指、中指、小指三指伸直，指尖向左，手背向外，拇指和无名指弯曲，拇指搭在无名指上(图27)。

图25　Y

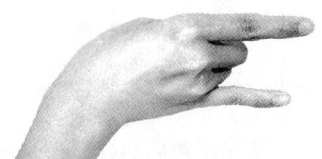
图26　Z

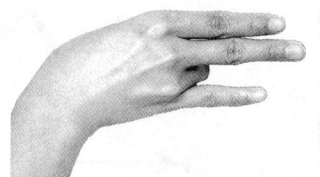
图27　ZH

CH：食指、中指、无名指、小指四指并齐伸直与拇指相捏，手背向上(图28)。

SH：食指和中指并齐弯曲，手指靠近手掌第一节与手掌成90度角，拇指向上伸出，无名指和小指弯曲贴于手心，手心向前偏左(图29)。

NG：小指伸直，指尖向左，其余四指握拳，虎口向上，手背向外(图30)。

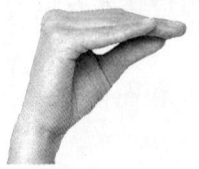
图 28 CH

图 29 SH

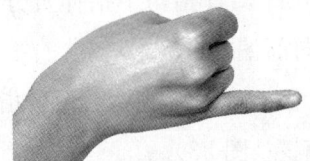
图 30 NG

二、手势动作图解符号说明

↻ → ↗ ↘	表示手势沿箭头方向移动
↖↑↗↓	表示手势上下（或左右、前后）反复摆动或捏动
← ← ←	表示手势沿箭头方向一顿一顿地移动
～←	表示手势沿箭头方向做波浪形（或曲线形）移动
∧∨∧	表示手上下抖动
↙↗	表示拇指与其他手指互捻
∧∨∧∨	表示五指交替抖动（或点动）几下
←│↓	表示手势向前（或向下）一顿，或到此终止
👉①②③④	表示握拳的手按①②③④顺序依次伸出手指
∧∧∧∧	表示手臂或手指轻轻颤抖
↗↘→	表示握拳或撮合的手边沿箭头方向移动边放开五指